낭비 없이 근사하게 차리는
두 사람 식탁

두 사람 식탁

1판 1쇄 ◦ 2022년 6월 28일(2000부)

지은이 ◦ 김선영
기획 및 편집 ◦ 장은실, 정인경(inn Studio)
교열 ◦ 조진숙
사진 ◦ 김태훈
디자인 ◦ Relish
인쇄 ◦ 아레스트

펴낸이 ◦ 장은실(편집장)
펴낸곳 ◦ 맛있는 책방 Tasty Cookbook
　　　　　서울시 마포구 마포대로 12, 1715호
　　　　　◉ tastycookbook
　　　　　✉ esjang@tastycb.kr

ISBN 979-11-91671-09-4 13590
2022©맛있는책방 Printed in Korea

- 이 책은 저작권법에 따라 보호받는 저작물이므로 무단 전재와 무단 복제를 금하며,
  이 책의 내용 전부 또는 일부를 이용하려면 반드시 저작권자와 맛있는책방의
  서면 동의를 받아야 합니다.
- 책값은 뒤표지에 있습니다.
- 잘못 인쇄된 책은 구입하신 곳에서 교환해드립니다.

낭비 없이 근사하게 차리는
두 사람 식탁

김선영 지음

맛있는
책방

여는
두 사람이
먹을 식탁을 차린다는 것

처음 둘이서 마트에 갔을 때
맛있게 먹을 것만 생각하며
마트 여기저기를 둘러보는데
뭐가 그렇게 재미있었는지
소곤대고 깔깔거리며
이것저것 카트에 담기 바빴던 기억이 나요.

결혼 전까지 가족하고 떨어져 산 적 없는 아내이기에
당시 자취도 하고 '나 요리 좀 하지' 생각했던 저는
좀 더 리드해서 장을 보고는 했어요.

둘이 먹을 양으로 적당한지
유통 기한은 어느 정도 남았는지
합리적인 가격인지 등
실제 필요한 것보다는
서로에게 만들어주고 싶은 메뉴를 생각하며
카트를 가득 채우기 바빴지요.

사랑하는 아내를 만나 함께하기로 했을 때
아내는 남편인 저를 위해 뭔가 요리하고 밥을
차려주어야 한다는 생각 때문에 장 본 것들을
뒤적이며 주방에서 분주한 하루를 보냈다고 해요.

시간이 좀 지나서 안 사실이지만
아내는 요리하는 것을 정말 어려워하고
저처럼 먹는 걸 엄청 좋아하지도 않는 사람이었어요.
그냥 밥에 김치 하나만으로도 끼니를 해결할 수 있는,
저로서는 상상조차 할 수 없는 스타일이었죠.
두 사람이 함께하면 여러 가지 몰랐던 사실을 뒤늦게 알기도 하는데,
아내의 식성도 그중 하나였어요.
무얼 좋아하고 또 무얼 잘 안 먹는지 정도는 알고 있었지만
밥을 제 양의 절반 정도 먹는다거나
어떤 것은 입에도 안 댄다거나.
연애할 때에는 잘 모르던 사실들을
두 사람 식탁을 차리면서 조금씩 알게 되었어요.

그러다 보니 각자 먹고 싶은 걸 챙기면
둘이 먹기에는 재료가 넘쳐 감당이 되지 않았어요.

결혼하고 두세 달 정도는 금요일 저녁이면
퇴근하고 장을 보며 지냈던 것 같아요.
장보기 전날 냉장고를 열어보면 매번 남는 재료도 있고,
유통 기한이 지나 버려야 하는 재료도 많았어요.
가끔은 아예 손도 안 댄 채 방치된 재료도 있었고요.
검소한 아내는 처음에는 이해했지만
점점 장 볼 때마다 그건 전에도 남아 버렸다거나
또 어떤 건 우리 둘이 다 못 먹을 것 같다거나
조언을 자주 하게 되고 저는 꼭 먹고 싶다고
고집을 부리기도 했지요.

그렇게 우리는 서로 맞춰가면서
두 사람 식탁을 차리기 시작했어요.
한 사람을 위한 것도,
모두를 위한 것도 아닌
딱 우리 두 사람을 위한 식탁.

Contents

Prologue
004 두 사람이 먹을 식탁을 차린다는 것

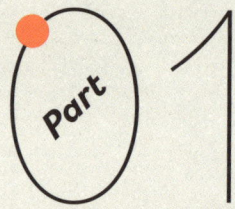

Part 01

두 사람 식탁을
도와주는
주방 살림

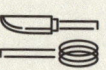

020 기본 조리 도구
022 있으면 좋은 추가 조리 도구
024 트레이와 채반

025 냄비
026 팬
027 나만 좋아하는 도구들
030 보관 필수! 저장 용기
032 기능성 용기
033 편리한 주방 도구
035 살림에서 가장 중요한 냉장고
035 냉장고 정리
037 팬트리 정리
038 두 사람 식탁의 그릇들

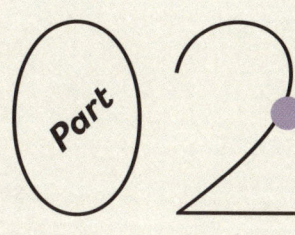

Part 02

두 사람 장보기

- 043 차라리 사 먹는 게 낫다?
- 044 일주일 예산 정하기
- 045 일주일 기본 장보기
- 046 특별한 날을 위한 장보기
- 047 고정적으로 사는 것들
- 048 일주일 메뉴 정하기
- 050 일주일 메뉴는 이렇게
- 058 장보기는 메모와 비교에서 시작된다
- 060 **장보기 꿀팁 1** 혼자 들 수 있는 사이즈의 장바구니
- 062 **장보기 꿀팁 2** 가성비 좋은 대형 도매 시장
- 064 **장보기 꿀팁 3** 목적이 분명할 때는 창고형 매장
- 065 **장보기 꿀팁 4** 편리한 새벽 배송
- 066 두 사람 식탁이 활용하는 새벽 배송
- 068 **장보기 꿀팁 5** 할인이나 쿠폰 적극 활용
- 070 두 사람 식탁의 장보기 예시

Part 03

미리 준비하는 두 사람 식탁

- 075 집밥도 맛집처럼
- 076 두 사람 식탁 육수
- 077 맛간장
- 078 고추기름
- 079 소스와 맛 재료
- 080 제일 좋아하는 식재료는 올리브유
- 081 소금만 잘 사용해도 음식 맛이 업!
- 082 소스와 향신료
- 084 치즈와 면
- 086 재료 손질은 미리미리
- 088 재료 보관에 필요한 부자재들
- 089 채소 보관하기
- 094 과일 보관하기
- 096 육류와 가금류 보관하기
- 098 닭고기 손질
- 101 생선 보관하기
- 102 그 외 신선 식품 보관하기

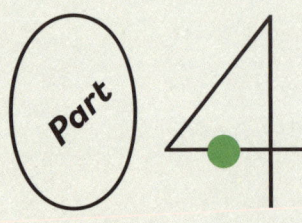

Part 04

두 사람 식탁 레시피

108 두 사람 식탁 레시피 가이드
110 레시피 파트 보는 법

▶ 간단하게 맛있는 저녁 메뉴

117 솥밥
118 김치솥밥
118 무양배추솥밥
119 버섯솥밥
119 고등어솥밥
121 짬뽕밥
122 무조림
125 오징어덮밥
127 제육덮밥
128 간단 닭계장
131 돼지불백
132 얼큰국밥
135 된장밥
137 순두부찌개
138 고추장찌개
141 돌솥비빔밥

▶ 두 사람의 근사한 홈술 메뉴

144 두부데리야끼
147 가지베이컨치즈말이
149 구운 우엉 아게다시도후
150 매운 가지볶음
153 육전과 꽈리고추찜
155 유린기
157 닭꼬치
158 간장삼겹살볶음
161 어묵탕
163 콘샐러드와 콘치즈
164 오징어무침
167 두부김치
169 명란구이
171 차돌박이숙주볶음
172 양송이치즈구이
175 토마토치즈구이

▶ 브런치

178 트러플토스트
181 양배추달걀토스트
183 홍콩식 프렌치토스트
184 새우루콜라 오픈샌드위치
186 버섯 오픈샌드위치
187 달걀 오픈샌드위치
189 가츠산도
191 달걀말이토스트
192 토마토살사와 타코
195 닭가슴살샐러드
197 가지라자냐
198 양파수프
201 감자수프
203 볶음우동

- 205 수제비
- 206 오믈렛

▶ 여유로운 주말 밥상

- 210 토마토파스타
- 213 오일파스타
- 215 샐러드파스타
- 217 매콤크림파스타
- 219 라구파스타
- 220 솥밥크림리소토
- 223 궁중떡볶이
- 225 두 사람 국물떡볶이
- 226 목살돼지갈비
- 229 마늘보쌈
- 231 두 사람 식탁 돈가스
- 233 함박스테이크
- 234 스테이크덮밥
- 236 대파떡갈비

▶ 두 사람 식탁의 채소 메뉴

- 240 채소초밥
- 243 채소카레
- 245 채소만두
- 247 알배추구이
- 249 우엉잡채
- 250 두부감자크로켓
- 253 알배추전
- 255 채소튀김
- 256 양파링
- 259 채소전
- 261 버섯볶음밥
- 263 채소비빔밥

▶ 남김 없는 식탁을 위한 반찬

- 265 오징어진미채
- 266 우엉조림
- 267 감자채볶음
- 268 무말랭이무침
- 269 무생채
- 270 어묵볶음
- 271 달걀찜
- 272 파무침
- 273 꼬들단무지무침
- 274 된장고추무침
- 275 오이무침
- 277 달걀꽈리고추장조림
- 278 참치채소전
- 279 토마토김치
- 281 피클주스
- 282 양배추피클
- 282 채소피클
- 283 오이피클
- 285 장아찌
- 286 양파장아찌
- 286 깻잎장아찌
- 287 고추마늘장아찌
- 287 새송이버섯장아찌

Index

290 레시피 찾아보기

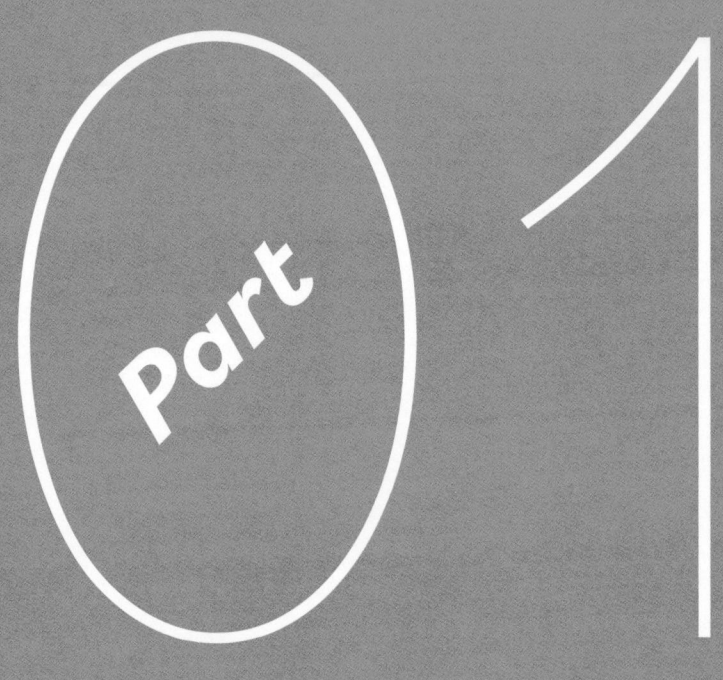

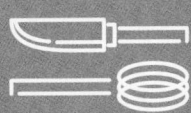

두 사람 식탁을
도와주는
주방 살림

요리를 처음 하는 사람들은 도구를 고르는 것부터가 넘어야 할 큰 산이에요. 어느 정도 살림을 갖추어야 할지 감이 오지 않지요. 저도 요리를 자주 하면서 자연스럽게 그릇이나 조리 도구에 관심이 가게 되더라고요.

두 사람 살림을 하면서 저는 제일 재미있고 관심 가는 게 조리 도구였어요. 좀 특이하다고 할 수도 있지만 아기자기한 도구나 더 맛있게 조리할 수 있도록 도와주는 제품을 보면 아내 몰래 사서 주말에 사용해보고는 했죠.

조리 도구가 많으면 요리도 더 잘될 것 같고 요리하고 싶은 마음이 샘솟아요.

하지만 제가 생각해도 '두 사람 식탁에 이것까지 필요할까?' 하는 것도 분명 있어요. 사실 요리보다 조리 도구 구입에 더 많이 실패했다고 해도 과언이 아니랍니다. 디자인에 혹해 구입한 후 생각하던 것과 달라 잘 사용하지 않는 것도 있고 그러면서 비슷하지만 다른 제품을 또 구매하게 되는 경우도 많았고요. 어느 정도 쓰일지 몰라 일단 종류별로 구매했지만 한두 번 사용하고 곱게 모셔둔 조리 도구들도 있죠.

그래서 여기에서는 저의 경험을 모아

❶ 편리한 것
❷ 꾸준히 사용하는 것
❸ 조리에 좀 더 유용하게 쓸 수 있는 것

이 기준으로 요리에 좀 더 재미를 줄 수 있는 도구를 정리했어요. 오랜 시간 함께하다 보니 지금은 낡고 변형된 것들도 많지만 오히려 이런 것들이 두 사람 식탁에 꼭 필요한 도구라는 걸 보여주는 것 같아요.

기본 조리 도구

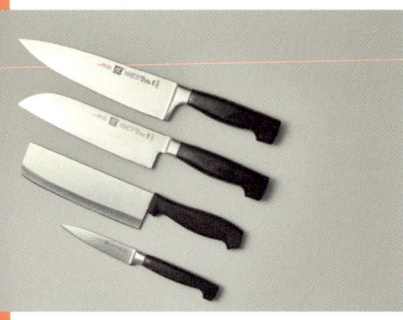

▶ 칼
디자인과 브랜드는 각자 취향에 맞게 선택하면 되는데, 쓰임새로 볼 때 저는 세 가지 칼을 가장 많이 사용해요. 요리할 때 가장 많이 사용하는 일반 식칼은 채소나 가공식품 등을 자를 때 유용해요. 육류, 해산물 등을 자를 때에는 두께감이 있는 칼을 사용하고요. 과도는 과일이나 작은 재료들을 자를 때 쓰기 편리해요. 칼갈이도 하나 가지고 있다가 칼이 무뎌졌을 때 갈아주면 새 것처럼 오래 쓸 수 있어요.

▶ 도마
도마는 처음에는 색깔별로 예뻐 보이는 플라스틱 도마를 구매했는데 사용하다 보면 물이 들기도 하고 칼과의 마찰로 홈이 파여 위생적이지 못한 것 같아요. 그래서 나무 도마로 교체했고 지금까지 유용하게 사용하고 있답니다. 크기별로 구매했는데 중간 크기와 작은 크기를 자주 사용해요. 하나만 구매한다면 쟁반 크기 정도의 좀 여유가 있는 게 두루두루 사용하기 편해요. 뜨거운 물이나 스팀을 이용해 주기적으로 소독해주면 좋아요.

▶ 주걱과 국자
주걱이나 국자는 진짜 다양한 모양의 여러 가지 제품을 사용해봤어요. 그중에서 나에게 맞는 걸 찾은 후로는 계속 같은 제품만 쓰게 되더라고요. 아무래도 열기가 가까이 있으면 뜨겁기 때문에 손잡이 부분은 좀 긴 게 좋아요. 소재는 나무나 실리콘 재질이 팬에 손상을 덜 주어 플라스틱이나 스틸보다는 선호해요. 제 경험으로는 특이하거나 모양이 귀여워 구매한 것은 불편해서 잘 사용하지 않게 되었어요.

▶ 계량 도구

집밥은 손맛이라고 하지만 정확한 레시피를 위해서는 계량 도구가 필요해요. 계량컵과 계량스푼도 아내가 왜 똑같은 걸 계속 사느냐고 할 정도로 이것저것 사용해봤죠. 큰 계량컵은 투명하고 눈금이 보이는 게 여러모로 확인하기 편해서 좋고요. 한 컵 크기 계량컵은 일반적으로 쉽게 계량하기에 편리해요. 계량스푼은 예뻐서 사이즈별로 구매해봤지만 결국 큰 스푼, 작은 스푼만 쓰게 되더라고요. 저는 앞뒤로 스푼이 달린 것을 가장 많이 사용해요.

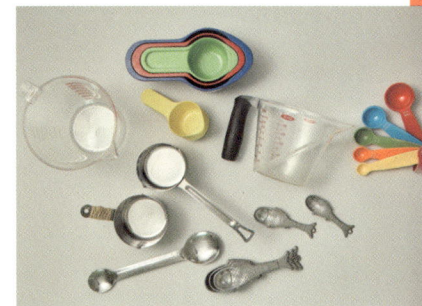

▶ 온도계와 저울

온도계는 잘 사용하지 않을 것 같지만 같은 요리라도 온도를 어떻게 하느냐에 따라 맛이 완전히 달라지기 때문에 꼭 필요하다고 생각해요. 가볍게 팬의 온도를 체크해 삼겹살만 구워도 이전과는 다른 맛을 경험할 거라고 확신합니다. 특히 스테이크를 굽거나 닭 요리를 할 때 온도계가 있으면 맛있는 온도 체크가 가능해, 고기를 좋아한다면 꼭 필요한 조리 도구랍니다. 저울은 요리 재료를 소분할 때 무게를 확인하거나 두 사람 먹는 음식에 재료를 어느 정도 사용하는지 확인할 수 있어서 유용해요.

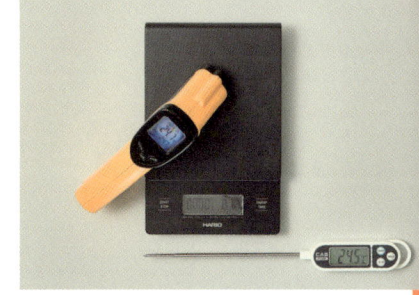

▶ 타이머

정해진 조리 시간을 확인하기 위해 필요한 타이머! 잠깐 다른 일을 하더라도 타이머가 있으면 요리를 망칠 걱정 없으니 꼭 필요한 도구예요.

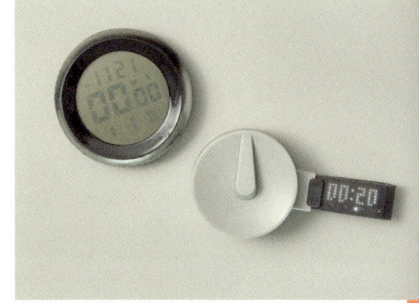

있으면 좋은 추가 조리 도구

▶ 집게

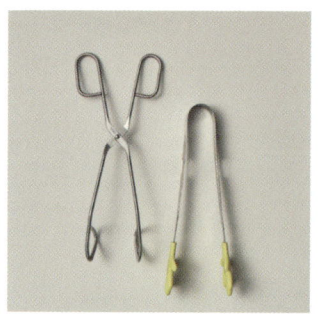

고기, 샐러드 등을 덜어 먹을 때나 요리할 때 필요해요.

▶ 그라인더

고형 치즈는 바로 갈아 먹어야 풍미를 제대로 느낄 수 있어요. 치즈를 좋아한다면 꼭 구비하세요.

▶ 강판

채소를 일률적으로 빠르게 자르거나 갈 때는 채소 그라인더와 강판이 도움이 돼요.

▶ 거품기

재료를 섞을 때 사용하는 거품기는 스테인리스 제품이 변형도 없고 위생적이라 좋아요. 크기는 약간 큰 것과 작은 것 두 가지로 재료의 양에 따라 구분해 사용해요.

▶ 채칼

뿌리채소 껍질을 벗길 때나 뿌리채소를 가늘게 썰 때, 특히 당근 라페를 만들 때는 꼭 필요해요.

▶ 파스타 계량기

파스타 면은 의외로 적정 분량 소분하는 게 어려운데 이것 하나면 해결되죠.

▶ **마늘 다지기**

통마늘을 그때그때 다져 사용하면 더 진한 마늘 맛이 나요. 마늘 다지기가 있으면 편리하죠.

▶ **요리용 붓**

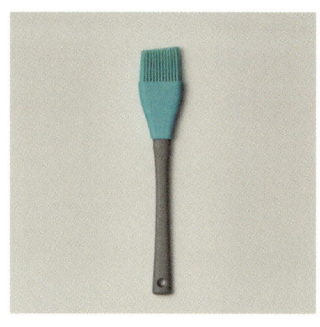

실리콘 재질이 세척할 때 아무래도 용이해요. 김밥이나 가볍게 기름칠할 때 사용해요.

▶ **절구**

재료를 으깨거나 빻을 때 필요해요. 재료의 고소함과 향긋함을 업시켜줘요.

▶ **기름 스프레이**

기름을 팬에 골고루 뿌릴 때 편리해요.

▶ **후추 그라인더**

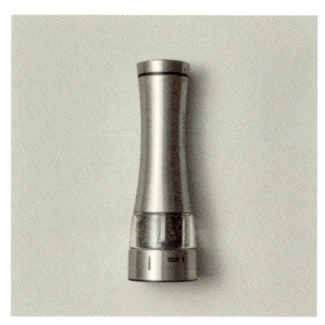

저는 향이 강한 통후추를 사용하기 때문에 후추 그라인더가 필요해요. 전동식, 수동식 중 취향에 맞게 선택하세요.

▶ **빵칼**

주말 아침이면 빵을 즐겨 먹는데 치아바타나 바게트 등을 자를 때 편리해요.

트레이와 채반

　트레이, 채반, 채망, 깔때기는 재료를 손질하거나 준비할 때 필요해요. 스테인리스 제품이 사용하기도 편리하고 위생적이라 선호하는 편이에요. 두 사람 식탁이지만 재료를 준비하는 트레이나 담는 바구니는 대, 중, 소 각각 1개 이상씩은 있어야 편리해요. 육수나 맛간장 등을 통에 옮겨 담을 때는 깔때기가 필수고요. 채망도 대, 중, 소로 요리에 따라 사용하면 편리해요.

냄비

예전부터 인기 있었지만 요즘은 신혼 주방 아이템 중에 필수품처럼 구매하는 게 주물 냄비 같아요. 저는 사실 처음에는 좀 무겁기도 해서 가벼운 스테인리스 제품을 사용했는데 열전도율이나 요리가 맛있게 되는 결과를 터득하면서 주물 냄비를 주로 사용하게 되었어요. 채소나 고기는 주물로 된 그릴 팬에 구우면 웬만한 식당에서 먹는 요리처럼 맛있게 조리되기도 한답니다.

주물 냄비는 한 번 먹을 찌개나 둘이 먹을 솥밥 등을 만들 때 아주 유용한데요. 두 사람 식탁에서 제일 많이 사용하는 크기는 16과 20 사이즈예요. 처음 구매한다면 이 두 가지 중에서 하나 선택하면 유용할 거예요. 솥밥이나 찌개, 국 등 둘이서 한 끼 먹기에 알맞은 사이즈이면서 요리도 맛있게 되니, 요즘은 주물 냄비를 많이 사용해요. 그러다 보니 사이즈별로 구매해 요리에 따라 크고 작은 냄비들을 두루두루 쓰고 있어요.

파스타를 일주일에 한 번 정도 먹는 편인데 면 삶을 때 좋은 깊은 파스타 냄비가 있으면 편리해요. 파스타뿐만 아니라 일주일 사용할 육수를 끓일 때도 거름망이 있어 편리하게 사용하고 있어요.

팬

　팬은 아무래도 편리성 때문에 코팅 팬을 주로 사용하는데 웍과 프라이팬 두 가지만 있으면 웬만한 요리는 다 해결할 수 있어요. 요즘은 스테인리스 팬을 사용하려고 하는데 안전하면서 영구적이고 열전도율도 높아 익숙해지면 정말 좋을 것 같아요.

　소스 팬이나 라면 냄비 등도 하나씩 갖추고 있으면 가끔 1인분 요리를 할 때나 간단하게 요리할 때 편리하고요. 찜기나 찜통도 건강한 요리에 필요한 조리 도구 중 하나예요.

　뚜껑이 있는 형태의 팬은 군고구마 등 굽는 요리를 할 때 편리한데, 아내는 냄새나 기름이 덜 튄다고 생선을 구울 때는 꼭 뚜껑이 있는 팬을 사용해요.

나만 좋아하는 도구들

아내의 표현을 빌리자면 '그런 게 왜 필요해?' 하는 조리 도구들이에요. 공감하며 고개를 끄덕이는 사람도 분명 있겠지만 개인적으로는 매번 비슷한 요리로 식상해질 때 만드는 재미로 활력을 주고 다시 요리에 빠지게 하는 조리 도구들이라 애정하는 아이템들이에요.

뭔가를 꾸준히 한다는 건 생각보다 쉽지 않은데 이럴 때 가끔 지름신의 도움을 받아 이런 조리 도구 하나로 다시금 재미있게 요리하게 된다면 저는 그것도 아주 좋다고 생각합니다. 양식도 자주 만들어 먹는 편이라 저희 집에서는 그래도 꽤 활용도가 높은 조리 도구들이랍니다.

▶ **에어프라이어**
요즘 에어프라이어 하나 없는 집이 없을 정도로 이제 거의 필수품이 된 요리 가전인데요. 저도 처음 등장했을 때 구매한 제품을 아직도 사용하고 있어요.

▶ **튀김 냄비와 기름통**
기름에 튀긴 요리를 에어프라이어가 따라갈 수는 없는 것 같아요. 제가 워낙 튀김 요리를 좋아하기도 하고요. 그래서 자주는 아니지만 튀김 냄비에 튀김 요리를 해 먹습니다. 불금에 튀김 요리와 맥주 한 잔이면 피로가 싹 풀리는 기분이 들거든요. 그래서 2인분 정도 조리할 수 있는 튀김 냄비는 저의 최애 조리 도구 중 하나랍니다. 기름은 한 번 사용하고 버리는 건 아니고 거름망이 있는 기름통에 넣어 서늘한 곳에서 보관해 두세 번 정도 재사용합니다.

▶ **파니니 그릴과 와플 팬**
주말 브런치에 빠질 수 없는 조리 도구예요. 보통 주말 아침은 밥보다는 빵으로 대신하는데, 간단한 토스트 외에도 맛있는 샌드위치나 크로플을 만들 때 유용하게 활용하는 편이죠. 전기로 된 편리한 가전도 있지만 요런 클래식한 조리 도구도 좋더라고요.

▶ **토치**
요즘은 워낙 캠핑을 많이 하니까 토치도 하나씩 있을 법한데요. 볶음 요리를 할 때 토치로 불맛을 살리면 좀 더 맛있는 요리가 돼요.

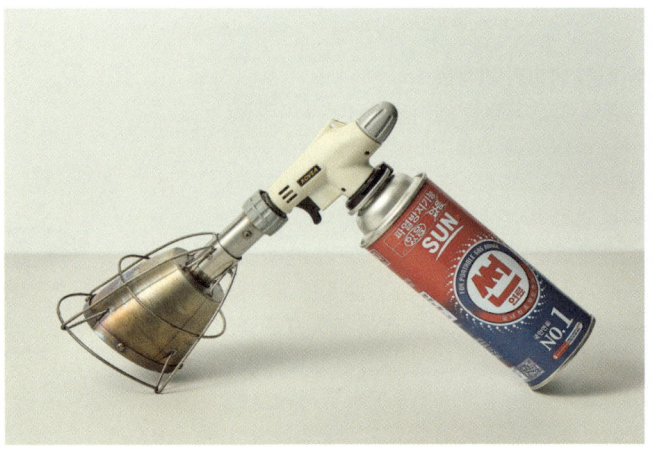

▶ 반죽기

정말 다양하게 활용하는 조리 도구예요. 가끔 빵도 만들기 때문에 반죽기가 있으면 편리하죠. 면이나 디저트류 등을 만들 때도 사용하고요. 칼국수나 수제비도 반죽 후 숙성해 먹으면 정말 맛있어요.

▶ 고기 다지기

햄버거 패티나 떡갈비 등 딱 먹고 싶은 양만큼만 다져 사용하기 때문에 재료 낭비가 없어 좋아요.

▶ 수비드 머신

시간은 걸리지만 스테이크나 닭 요리를 할 때 활용하면 웬만한 레스토랑 부럽지 않은 부드러운 식감의 요리를 완성할 수 있어요.

▶ 파스타 제면기와 라비올리 틀

이탈리아 요리를 즐긴다면 하나 정도 있으면 좋아요. 종종 생면이 먹고 싶을 때 가공식품이 줄 수 없는 손맛을 느끼게 해주죠.

▶ 진공 팩

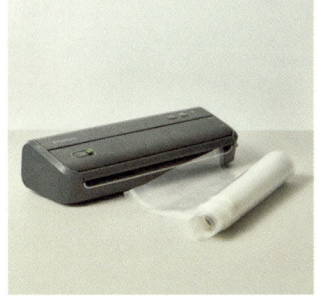

신선함을 유지하고 보관 기간도 늘려주어 추천해요. 특히 수비드나 채소를 삶을 때 활용하면 색다른 식감을 맛볼 수 있어요.

▶ 식품건조기

채소나 과일 등을 건조할 때 사용해요. 육수를 우리거나 건조 후 볶는 채소들은 맛이 응축되어 더 진하고 색다른 식감을 주기 때문에 종종 사용해요.

보관 필수! 저장 용기

　　　　조리 도구만큼 중요한 게 저장 용기예요. 여기저기 남은 재료를 담아두거나 식재료를 보관하기도 하고요. 쓰임새가 정말 다양해요. 처음에는 어느 정도 필요한지 몰라 세트로 구입했고, 다음에는 필요할 때마다 한두 개씩 사다 보니 용기가 정말 많아졌어요. 브랜드도 다양하고 디자인이 예쁘거나 기능성을 강조한 여러 가지 제품이 있지만, 사용해보니 몇 가지 스타일로 압축되더라고요. 그리고 몇 주씩 보관할 만큼 재료가 남는 것도 아니고 이것저것 보관하다 결국 사용 못하고 폐기하는 경우가 더 많기 때문에 두 사람 식탁에서 보관 용기는 너무 많을 필요는 없어요. 사용하면서 정말 필요한 것들만 남겨두고 나눔을 하거나 폐기한 후 지금은 종류별로 몇 개씩만 가지고 있어요. 디자인은 차치하고 사용성을 기준으로 자주 쓰는, 꼭 필요한 것들을 정리해봤어요.

▶ **긴 형태의 보관 용기**
동그란 모양이든 네모나든 깊숙한 형태의 보관 용기는 편리하게 사용할 수 있어요. 저는 주로 가루류를 담아 보관하거나 육수를 냉장 보관할 때 사용하고 파스타 등 면류를 넣어둬요. 라벨지에 제품명과 유통 기한을 적어 붙여두면 좋아요.

▶ 가장 자주 사용하는 밀폐 용기
브랜드도 다양하고 종류도 많지만 두 사람 식탁에서는 동일한 형태로 3~4가지 이내의 사이즈면 적당한 것 같아요. 사이즈가 너무 다양하면 정리할 때 둘쑥날쑥 공간만 차지하고 비효율적이에요. 가장 큰 용기의 기준은 냉장고 채소 칸에 쉽게 넣었다 뺄 수 있는 사이즈로 요리 후 남은 채소나 재료들을 주로 담아 사용하는 편이에요. 그 외 대, 중, 소 사이즈의 밀폐 용기는 반찬, 치즈, 식재료 등을 보관할 때 사용하는데 총 10~12개 정도면 두 사람 식탁의 재료 보관은 충분한 것 같아요.

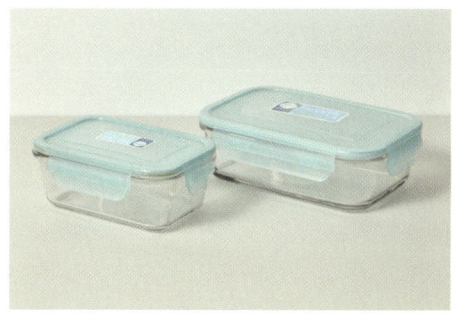

▶ 유리 용기
김치나 양념, 양념된 재료 등을 보관할 때, 산성 식품인 피클 등을 보관할 때는 유리 용기를 사용하는 게 좋아요. 사각 형태와 유리병 형태 두 가지면 충분히 활용할 수 있어요.

▶ 재활용 용기
꼭 밀폐 용기를 구매하지 않아도 생활에서 발생하는 제품 용기들을 재활용할 수 있어요. 잼이나 소스 등 마음에 드는 통은 먹고 나서 빈 통을 세척한 후 견과류나 가루류 등의 보관 용기로 사용하면 좋아요.

기능성 용기

▶ 버터 용기

버터 등을 보관하는 전용 용기가 있으면 버터 포장에 넣었다 빼는 일 없이 사용하기 편리해요.

▶ 물받이 용기

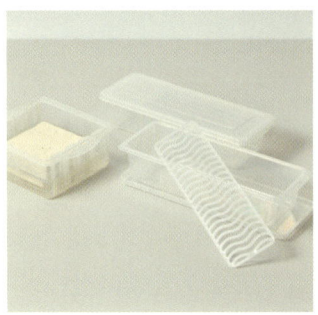

물받이가 있어서 고기, 생선 등을 냉동 보관할 때 사용하면 용기에 달라붙지 않아요. 파, 부추 등 길쭉한 모양의 채소류는 용기와 맞닿으면 금방 시드는데, 이런 물받이가 있으면 그런 부분을 보완해주죠.

▶ 쌀통

쌀은 쌀통에 담아 김치냉장고에 보관하면 신선함을 오래 유지할수 있어요. 둘이 먹는 집밥이니 5kg 이내로 구매하세요. 쌀이 조금 남아 있으면 새 쌀과 섞지 말고 보관해야 신선함이 오래 유지돼요.

▶ 스테인리스 용기

유리 용기와 더불어 스테인리스 용기도 오염이나 냄새에서 플라스틱 용기보다 성능이 좋기 때문에 추가적으로 준비하면 좋아요.

▶ 양념통

맛간장이나 고추기름 등은 만들어 사용하는 편이라 소스나 양념을 담을 수 있는 소스통도 몇 개 있으면 편리하게 사용할 수 있어요.

편리한 주방 도구

▶ **밀봉 집게**

대부분 남은 재료는 밀폐 용기에 보관하지만 그 외 간식 등을 밀봉할 때는 집게가 있으면 편리해요.

▶ **와인용품**

와인을 둘이서 종종 마시는데 한 병을 다 못 마시기 때문에 밀폐할 수 있는 코르크 등도 필요해요.

▶ **냄비 받침, 손잡이**

뜨거운 요리를 받치거나 냄비를 들 때 받침대와 손잡이도 하나씩은 필요해요.

▶ **요리용 틀**

자주 사용하는 편은 아니지만 요리를 예쁘게 담고 싶을 때, 조금 색다르게 플레이팅하고 싶을 때 평범한 요리도 특별하게 보이는 재미를 주곤 하지요.

▶ **착즙 용기**

요리에 자주 사용하는 레몬즙을 짤 때 사용해요.

▶ **요리용 실**

꼭 필요하지는 않지만 고기 요리를 할 때 유용하게 사용할 수 있어요.

살림에서 가장 중요한 냉장고

저희는 제가 살던 작은 집에서 신혼 생활을 시작했고, 냉장고는 760리터짜리를 구매해 10년째 사용하고 있어요. 요즘 신혼 가전 냉장고는 보통 800리터 이상으로 나오더라고요. 사용해보니 두 사람 식탁에서는 저희가 사용하는 사이즈도 충분해요. 김치냉장고를 따로 사서 지금은 훨씬 더 여유롭게 냉장고를 사용하고 있고요. 냉장고에 차곡차곡 쌓이면 나중에는 뭐가 있는지도 모르고 전기 효율도 좋지 않기 때문에 최대한 여유롭게 사용하려고 해요. 평범한 보관 방식이지만 저처럼 뭐든 꽉 채워야 기분이 좋아지는 유형에게는 꽤 어려운 일이기도 해요.

냉장고 정리

우선 눈에 보이는 곳에 보관해야 무엇이 있는지 알 수 있고 혹시 모를 중복 구매도 피할 수 있어요. 그래서 되도록 냉장고 앞쪽에 보관하는데 큰 냉장고가 아님에도 두 사람 식탁에서는 충분하더라고요.

또 선반별로 제품군을 나누면 찾기도 쉽고 재고 파악도 한눈에 되기 때문에 냉장고 보관 시 자기만의 룰을 정해 품목을 구분해주면 좋아요. 깊은 곳에 보관할 경우 서랍식 정리함 등을 구매해 안쪽 물건도 쉽게 꺼내 볼 수 있도록 하는 것이 좋고요.

냉동실도 마찬가지로 선반별로 품목을 정하고 최대한 확인이 가능한 범위에만 보관하면 좋아요. 제 경험상 냉동실 안쪽 어디엔가 들어가면 내년에 만나는 경우가 종종 있더라고요.

대부분 두 사람 식탁의 먹거리는 육수용 재료나 가루류 등 특정 품목 외에는 장기간 냉동하는 경우는 거의 없어요. 요즘에는 유명 맛집이나 유명한 밀키트들이 많아 바쁠 때나 컨디션이 좋지 않을 때 밀키트도 종종 활용하는 편이라 냉동고에 보관하기도 해요.

김치냉장고에는 김치류 외에는 고기와 해산물, 주류 정도만 보관해요.

요즘 냉장고는 자주 사용하는 것들을 문 쪽에 보관하도록 되어 있는 구조가 많죠. 저도 문 쪽에는 자주 활용하는 소스나 음료 등을 보관하는데 이때 라벨지에 유통 기한을 크게 써서 붙여두면 언제까지 사용해야 하는지 쉽게 파악할 수 있어요.

팬트리 정리

평소 집밥을 자주 해서 먹기에 간식 등을 많이 사는 편은 아니지만 면이나 캔 제품, 실온 보관의 가공식품 정도는 준비해두어요. 팬트리도 냉장고와 비슷하게 불필요한 것들로 채우는 걸 최대한 자제하려고 해요. 부피가 큰 조리 도구 외에 간식이나 주방 비품을 보관하는데 겹쳐 쌓지 않고 한눈에 모두 파악할 수 있게 보관하는 게 규칙이라면 규칙이에요. 저희 집 주방 정리에서 가장 중요한 원칙은 '눈에 보이는 게 전부다'라고나 할까요.

좁은 공간에 효과적으로 보관하려면 테트리스처럼 딱 맞춰 쌓아올릴 수도 있지만 결국 시간이 지나면 그 상태 그대로이거나 머릿속에서는 잊히게 되죠. 제가 특별히 미니멀 라이프라고는 할 수 없지만 주방만큼은 눈에 보이는 게 전부이도록 보관하는 편이고 그렇지 못할 경우 최대한 필요한 것 이외에는 비워 여유 있게 공간을 활용하려고 해요.

두 사람 식탁의 그릇들

요리를 자주 하면서 생긴 변화가 몇 가지 있어요. 조리 도구나 맛집, 레시피 북 등 요리와 관련된 것들에 호기심이 생기면서 나름 시간 날 때마다 공부도 하게 되었어요. 그중 하나는 그릇을 좋아하게 된 것인데요. 저는 전공이 디자인이라 어쩌면 조금 더 이런 분야에 친숙하기도 하고, 예뻐 보이고 싶은 욕망이 더 있는지도 모르겠어요. 그래서 요리도 재미있지만 제가 생각하는 이미지로 플레이팅하는 것도 너무나 즐겁고 재미있어요.

개인적 취향이라 이게 좋다고는 할 수 없지만 자연에서 오는 다양한 색감의 재료들로 요리를 하면 단순하면서 흰색이나 단색 계통의 접시에 자주 담게 되더라고요. 그런 면에서 그릇이 플레이팅에서 큰 몫을 차지하는데요. 처음에는 다양한 컬러나 디자인의 접시를 구매했는데 요즘은 주로 흰색 접시를 사용하는 편이고 또 요리를 하면서 연상되는 이미지나 필요성에 따라 만들기도 한답니다. 두 사람 식탁에서도 몇 가지는 직접 만든 접시를 활용했어요.

두 사람 장보기

차라리 사 먹는 게 낫다?

두 사람 장보기에서 가장 많이 생각했던 것은 '이만큼 사서 다 먹을 수 있을까?'였어요. '이렇게 재료를 사니 오히려 사 먹는 게 더 경제적이지 않을까?' 하는 생각은 누구나 한번쯤 했을 거예요. 아내와 저도 처음에는 종종 그런 생각을 했죠. 하지만 지금은 두 사람 스타일의 장보기가 충분히 경제적이라는 걸 명확히 알고 있어요.

집밥의 시작은 장보기라고 생각해요. 처음 자취를 하거나 살림을 시작하면 무엇부터 해야 할지 몰라 난감한데, 그중에서도 장보기가 제일 어려운 부분 중 하나예요. 시행착오를 겪으면서 자신만의 패턴을 찾아야 하니까요.

특히 두 사람 식탁은 더 그랬어요. 더 맛있는 걸 만들어 먹자는 욕심에 낭비를 하기도 했고요. 서로 맞추어가는 게 필요했지요. 장 본 목록을 찬찬히 살펴보며 무엇이 문제인지 찾아보았어요. 외식은 얼마나 하는지, 처음 몇 달 동안 둘이서 장보기를 얼마만큼 했는지 카드 내역 등을 살피고 서로의 식성이나 먹는 양 등을 다시 한번 확인했고요. 뭘 자주 낭비했는지, 뭘 자주 먹었고 부족한 건 무엇이었는지도 생각해봤어요

처음에는 두서 없이 메모를 했는데 계속 하다 보니 일주일에 몇 번 정도 요리를 하는지, 재료는 뭘 자주 사용하는지 등 머릿속에서만 '아, 그 정도면 될 거야' 했던 것들이 조금씩 구체적으로 보이기 시작했죠. 그렇게 둘의 식습관 패턴을 보며 둘만의 식탁에 알맞은 장보기를 하게 되었어요.

종종 계획한 메뉴를 실천하지 못하는 경우도 있어요. 미리 정했다 하더라도 어떤 날은 막상 먹고 싶지 않을 때도 있고 외식을 하고 싶을 때도 있으니까요. 그래도 처음과 확연히 달라진 것은 낭비되는 재료는 줄어들었고 남은 재료를 활용하는 몇 가지 방법을 알게 되었다는 거예요. 먹는 걸 좋아하는 제가 너무 참지 않고도 아내와 맛있게 먹을 수 있을 만큼 적당한 장보기 예산을 파악하게 되었다는 것이죠.

인생이 계획대로 되지 않는다고 하지만 두 사람 식탁은 어느 정도 미리 계획을 세우면 생각했던 대로 되는 것 같았어요. 정답은 아니지만 저희 두 사람 식탁이 참고가 되면 좋겠습니다.

🧺 일주일 예산 정하기

종종 주변의 1~2인 가구인 지인들이 우리 집처럼 만들어 먹으면 식비가 엄청 들 것 같다고 말해요. 물론 장을 보다 보면 비싼 식재료도 있지만 집밥을 자주 하다 보면 식비에서는 훨씬 경제적이라는 걸 금방 알 수 있어요.

예를 들어 한 끼 식사를 1인 5000원으로 가정해 둘이서 하루 두 끼를 먹는다고 했을 때 한 달에 60만원의 식비가 발생하죠. 저희는 평균적으로 일주일에 10만원 정도를 장보기 예산으로 잡아놓는데, 외식을 몇 번 한다고 해도 한 달 식비는 비슷하거나 저렴할 때가 더 많아요.

아마도 제 생각에는 몇 가지 오해가 있는 것 같아요. 첫 번째는 SNS를 통해 보여지는 요리나 음식들이 엄청 많은 재료가 필요할 거라고 생각하는 경우. 두 번째는 집밥을 몇 번 해보니 사용 못하고 버리는 재료가 많아 사 먹는 게 더 경제적일 수 있다고 생각하는 경우. 저는 두 번째 이유가 더 크지 않을까 하는 생각이 들었어요.

그래서 두 사람 식탁에서 제일 중요하게 생각하는 건 **최대한 남김 없이 재료를 사용하는 것**이고 그 첫 단추가 예산을 정하는 것이에요.

어느 날은 외식을 하기도 하고, 또 어느 날은 손님들을 초대해 다양한 메뉴를 준비하기도 해요. 그런 모든 걸 고려하면 매주 같은 예산으로 장을 본다는 건 불가능하죠. 그렇기 때문에 저는 주마다 평균 예산을 정하기는 하지만 한 달 전체 예산을 정해 그 예산 범위를 넘기지 않는 선에서 유동적으로 조정하는 편이에요.

저는 보통 평일에는 두세 번 이상, 주말에는 두세 번 정도 집밥을 하는 편인데 예산은 주별 평균 8만~10만원 내외, 월 총예산 65만원 내외(외식, 주류 등 포함)로 잡고 그 안에서 유동적으로 변경해요. 특별한 경우 외에는 두 사람의 한 달 식비 총예산을 초과하지 않으려고 하고요. 종종 절약한 달의 예산은 적립해두었다 평소 궁금한 식재료를 사거나 가보고 싶은 레스토랑에 방문하는 식으로 사용해요.

🛒 일주일 기본 장보기

종류		평균 예산	구매 가이드
기본 재료	• 양파 4~5개 • 파 1단 • 가지 2~3개 • 호박 1개 • 마늘 20~30쪽 • 버섯 2팩	2만~2만5000원	두 사람이 일주일 사용하지만 남으면 한 주 더 보관 가능해요. 거의 모든 요리에 다양하게 사용하는 기본 재료들은 활용도가 많아 매주 구입하는 편이에요.
메인 재료	• 돼지고기 1근(600g) 동네 단골 정육점에서 소량씩 구매해도 좋아요 • 스테이크 250~300g • 닭 1마리 700g~1kg • 생선, 오징어 등 해산물 1~2마리 • 조개류 1봉지	3만~5만원	채소 외에 요리의 메인이 되는 재료들은 미리 장을 보기도 하지만 집 근처에서 당일 구매하거나 마감 세일 등을 활용해 신선도나 가성비를 따져 구매하는 편이에요. 고기나 생선, 닭 중 일주일에 두 번 정도 먹는 메인 요리를 선택해 장을 봅니다.
단발성 부재료	• 허브, 치즈 등	2만~3만원	기본 재료 외의 예산이에요. 자주 사용하지는 않지만 특정 메뉴나 플레이팅을 위해 구매하는 재료들이지요. 맛도 중요하지만 예쁘게 차리면 더욱 맛있어요.
과일 & 디저트	• 제철 과일 및 디저트류	1만~4만원	과일이나 디저트를 좋아해 예산에 꼭 포함하는 편이에요.

특별한 날을 위한 장보기

가족 행사 및 친구 모임 등 집에 사람들을 초대해 다같이 즐겁게 먹는 특별한 주도 있어요. 특히 두 사람의 기념일 등은 외식할 때도 있지만 집에서 멋지게 만들어 먹을 때도 있고요. 이런 날은 평소 절약해둔 장보기 예산을 활용해 서로 좋아하는 재료를 구입하기도 하고 풍성하지만 낭비 없는 식탁을 차리려고 합니다. 이런 날 제가 생각하는 예산의 범위는 근사한 레스토랑이나 맛집에서 먹었을 때의 40~50% 정도 금액이에요. 맛은 조금 부족할 수 있더라도 가성비 좋은 식탁은 모두 만족도가 높죠. 꼭 비싼 재료가 있어야만 멋지게 차릴 수 있는 것도 아니에요. 평소에 자주 활용하는 재료들도 몇 가지 재료만 추가하면 훨씬 더 멋지게 만들 수 있답니다. 두 사람이 활용하기에는 많을 것 같은 재료들도 이때 아낌없이 활용해보는 편이에요. 여담이지만 결혼하고 2년 후 이사를 했을 때 1년 동안 집들이만 매달 한 번씩 한 것 같아요. 아내에게 집들이를 이렇게 자주 하는 사람이 어디 있느냐고 구박을 받았죠. 그때 최소 2명부터 20명까지 손님이 왔고 그 모든 음식을 직접 대접한 경험이 쌓여 특별한 날 손님 초대 음식이 두렵지 않기도 해요.

	종류	평균 예산	구매 가이드
기본 재료	• 메뉴 구성에 따라 일주일 장보기 기본 재료에 추가적인 종류를 구매 예를 들어 송이버섯을 구매했다면 버섯 중 양송이, 표고, 느타리 같은 다른 버섯도 종류별로 다양하게 구매	일인당 2만~3만원 정도의 재료비로 코스 구성	기본 재료는 남더라도 집밥에 계속 활용하면 되기 때문에 인원 수에 맞게 넉넉히 구매해요.
메인 재료	• 대용량 스테이크 • 대용량 연어 • 각종 대용량 해산물 등		대용량의 메인 재료들은 코스트코 등 창고형 마트에서 구매하면 가성비가 좋아요. 손님의 취향도 생각하고 평소 많은 양은 해결할 수 없어 구매하지 못했던 재료들을 이때 사용해봐요.
부재료	• 각종 허브, 소스, 향신료 등		평소 궁금했던 허브들도 다양하게 구매해 활용하고 특별한 소스들도 구입해보는 편이에요.

고정적으로 사는 것들

마지막으로 몇 달에 한 번씩 구매해야 하거나 특정 기간에만 구매하는 식재료들이 있어요. 대표적인 예로 쌀 같은 것이죠. 장기 보관하는 재료이거나 또는 제철 재료 등은 한 번 구매할 때 지출이 크기 때문에 별도로 예산을 정하는 것이 필요해요.

종류	평균 예산	구매 가이드
쌀, 현미	4만~6만원	저는 주로 백미와 현미 두 종류를 구매하는데 품종마다 맛과 가격이 달라 선호하는 것으로 보통 5kg짜리를 사서 2~3개월 먹는 편이에요.
된장, 고추장, 간장, 식초, 소금, 고춧가루, 후추, 미림, 매실청, 액젓 등 각종 장류	5만~7만원	사용량이 동일하지는 않지만 처음 구매할 때 대용량으로 구매해도 크게 문제되지 않는 식재료들이에요.
케첩, 마요네즈, 돈가스 소스, 굴 소스, 스리라차 등 소스류	2만~3만원	없으면 섭섭한 소스류도 2~3개월에 한 번 정도는 구입하는 편이에요.
배추 등 김장 재료	8만~10만원	두 사람 식탁에서 어쩌면 사 먹는 게 낫겠다고 생각할 수 있지만 집에서 담근 김치만의 매력이 있기 때문에 기회가 된다면 한번 담가보는 것도 추천해요.
육수용 멸치, 다시마 등	3만~4만원	대용량으로 한 번 구매하면 4~5개월 정도 사용해요.
각종 치즈, 버터	2만~5만원	모차렐라, 파르미지아노레지아노 등 하드 치즈나 버터 등 풍미를 살리는 재료들도 두 사람 식탁에 꼭 필요한 재료예요.

그 외에 집밥을 하다 보면 이것저것 필요한 것들이 추가되어 예산을 넘기는 상황이 발생할 수 있어요. 하지만 정해둔 예산 안에서 최대한 해결하도록 장보기 항목 등을 조정하다 보면 점점 루틴이 잡힐 거예요.

일주일 메뉴 정하기

예산을 정했다면 그다음은 대략적으로라도 일주일 메뉴를 구성해보는 것이 좋아요. 조금씩 달라지기는 하지만 저는 수, 목요일 정도에 주말 메뉴를 생각하고 목, 금요일에 장을 보는 편이에요. 메뉴를 정하는 건 예산을 체크하거나 장보기 목록을 작성할 때 가장 필요한 부분이라 남김 없는 두 사람 식탁을 위해서는 가장 중요한 부분 같아요.

두 사람 식탁에서 일주일 메뉴 정하기의 가장 중요한 점은 장 본 재료를 대부분 소진할 수 있도록 메뉴를 구성하는 것인데요. 그래야 가성비도 좋고 요리에 흥미도 잃지 않으면서 집밥을 만드는 원동력이 되기 때문입니다.

처음에는 일주일 메뉴를 정한다는 게 좀 익숙하지 않을 수 있어요. 하지만 저처럼 처음에는 2~3일 메뉴, 그다음에는 일주일 메뉴를 정리하다 보면 자연스럽게 두 사람만의 식단 노트가 완성되고 일주일 메뉴가 누적되면 한 달 메뉴도 어렵지 않게 짤 수 있어요. 그리고 이렇게 반복적으로 하다 보면 꼭 계획한 메뉴로 요리하지 않더라도 재료를 소진할 수 있는 다양한 다른 메뉴가 떠올라 응용할 수 있어요.

▶ 우선 좋아하는 요리로 2~3가지를 정해 한 주 메뉴를 메모해보세요(일주일에 한 번 또는 두 번 장을 보는 것으로 재료 준비를 완료하는 편이에요).

▶ 메인 메뉴에 사용하는 재료 외의 기본 재료는 메뉴에 반복 사용할 수 있으니 여유 있게 일주일 사용분을 준비하세요(남는 재료는 보관 방법을 참고하세요).

▶ 고기, 생선 등 신선 재료는 둘이 한 번 또는 두 번 먹을 수 있는 양만 구매합니다.

▶ 금, 토, 일요일 메뉴 중심으로 신선 재료를 최대한 먼저 사용하도록 구성하고 평일에는 남은 재료를 활용해요.

▶ 금, 토요일 저녁 메뉴는 간단하게 식사 후 술안주를 만들거나 식사 겸 술 한잔할 수 있는 메뉴를 만드는 편입니다.

▶ 평일 저녁 메뉴는 빨리 만들 수 있는 메뉴로 생각하고 수, 목요일은 남은 재료를 소진할 수 있는 메뉴로 구성해요.

일주일 메뉴는 이렇게

다음은 저희 두 사람 식탁의 일주일 메뉴를 SNS에 기록한 것들이에요. 처음에는 다소 어려울 수 있지만 한두 달만 반복하면 응용하는 데 어렵지 않을 거예요.

신선 재료 등으로 메인 메뉴 구성

Fri — 꽈리고추찜

Sat — 비빔밥

Sun — 가지라자냐, 라구파스타

TIP
기본 채소류는 중복적으로 사용해 소진하려고 하고 몇 가지 특정 메뉴에 사용하는 재료들도 한번에 해결이 안 되면 다른 스타일로 몇 번 요리하는데 가지, 두부 등은 그런 면에서 다양하게 요리할 수 있는 식재료라 좋아합니다.

두부데리야끼

육전, 꽈리고추찜

무조림

1st Week

▶ **색깔 점** 중복 사용 재료
▶ **점선 테두리** 기존 재료 활용 옵션 메뉴

주말에 만들어둔 재료 활용 또는
간단한 메뉴 구성

남은 식재료를 활용할 수 있는 메뉴 구성

Mon
무조림,
두부구이

Tue
가지솥밥

Wed
삼겹살채소구이

Thu
월남쌈

기본 재료가 비슷해 대체할 수 있거나 재료가 남으면 추가할 수 있는 메뉴

무조림, 가지찜

매운 가지볶음

가지구이

불고기, 두부구이

2nd Week

신선 재료 등으로 메인 메뉴 구성

Fri

두부김치

Sat

달걀말이토스트

Sun

피자

TIP
1주 차에 대량으로 만들어둔 라구 소스는 소분해 냉동해둔 다음 2~3번 활용합니다. 불고기용 고기는 두 번 정도 먹을 양을 구매해 양념을 다르게 하거나 샤부샤부 등으로 지루하지 않게 메뉴 구성을 합니다.

토마토치즈구이

스테이크

김치찌개, 제육볶음

주말에 만들어둔 재료 활용 또는
간단한 메뉴 구성

남은 식재료를 활용할 수 있는 메뉴 구성

Mon
돼지불백타코,
토마토살사

Tue
라구파스타, 가지라자냐

Wed
콩나물국밥

Thu
돼지불백

기본 재료가 비슷해 대체할 수 있거나 재료가 남으면 추가할 수 있는 메뉴

아란치니

토마토파스타

베이컨팽이버섯말이

샤부샤부

3rd Week

신선 재료 등으로 메인 메뉴 구성

Fri

치킨

Sat

치아바타샌드위치

Sun

감바스알아히요

해산물샐러드

스테이크, 샐러드파스타

스테이크덮밥

주말에 만들어둔 재료 활용 또는
간단한 메뉴 구성

남은 식재료를 활용할 수 있는 메뉴 구성

Mon — 솥밥

Tue — 김치솥밥

Wed — 닭계장

Thu — 만둣국

기본 재료가 비슷해 대체할 수 있거나 재료가 남으면 추가할 수 있는 메뉴

닭볶음탕

꼬치구이

목살돼지갈비

만두

4th Week

신선 재료 등으로 메인 메뉴 구성

Fri

탕수육

TIP
돼지 안심은 통으로 구매해 탕수육과 돈가스 등 메뉴에 맞게 잘라 준비합니다.

Sat

알배추구이

Sun

트러플토스트

알배추찜

양파링

돈가스

주말에 만들어둔 재료 활용 또는
간단한 메뉴 구성

남은 식재료를 활용할 수 있는 메뉴 구성

Mon
채소카레

Tue
수제비

Wed
버섯볶음밥

Thu
치즈채소구이

기본 재료가 비슷해 대체할 수 있거나 재료가 남으면 추가할 수 있는 메뉴

마늘보쌈

채소튀김

전골

밀푀유나베

장보기는 메모와
비교에서 시작된다

　예산도 정하고 메뉴도 대략 정했다면 이제 장보기 목록을 메모해보세요. 우선 먹고 싶은 메뉴를 5~6개 정도 생각하고 대략적으로 레시피의 재료를 확인한 다음 중복 재료가 사용되는 메뉴로 2~3개 요약하면 조금 쉽게 시작할 수 있어요. 2~3개 메뉴로 시작해 익숙해지면 조금씩 추가하면서 일주일 메뉴를 짜보는 거예요. 처음에는 다소 생소할 수 있지만 중복되는 재료를 생각하며 장보기 목록을 메모하는 게 핵심입니다.

　메모 없이 장을 보는 건 아내 몰래 거액의 장난감을 사는 것과 같은 위험한 행동입니다. 꼭 메모해 안전하고 알뜰한 쇼핑을 할 수 있도록 하는 게 필요해요. 특히 오프라인에서는 메모가 더 강력하게 필요해요. 다른 것에 눈독들이지 않게 계획한 예산에서 장을 보는 데 도움을 주죠. 메모는 쉽게 할 수 있는 스마트폰 메모장도 좋고 장보기 수첩 하나를 준비해도 좋습니다. 일주일 메뉴를 우선 메모해보고 그다음 필요한 재료들로 장보기 목록을 메모해요. 이 메모들이 누적되면 자연스럽게 나만의 식단 노트가 될 거예요.

　시간적 여유가 있을 때는 오프라인에서 장보기를 하지만 그렇지 못할 때는 온라인으로 구매하는데요. 업체별로 대략 가격을 비교하거나 할인 혜택 등을 챙기고 그때그때 더 저렴한 곳을 활용하기도 합니다. 물가는 변동하기 때문에 제철 재료가 아무래도 가장 저렴하고, 가격을 비교하다 보면 재료의 평균적인 가격을 알 수 있어서 간혹 너무 비쌀 때는 다른 재료를 대신 구매해 계획한 예산안에서 장을 보려고 해요.

　장보기 목록을 메모하고 온라인으로 대략 가격도 비교해봤다면 장보기 장소를 선택해 장을 봅니다. 요즘은 온라인이 배송도 빠르고 구성이 잘되어 있어서 오프라인과 큰 차이가 없지만 상황에 따라 메인 한두 곳을 정해 장을 보면 여러 가지 편리하고 합리적인 소비를 할 수 있어요. 여러 곳으로 분산해 장보기를 하면 시간과 혜택 등이 줄 수 있기 때문에 두 사람 식탁에서는 효율적이지 않은 것 같아요. 한곳에서 모두 장을 보거나 최대 두 곳 정도에서 장을 보는 편이에요.

　다만 한두 곳을 정했더라도 저희는 종종 다른 장소에서도 장을 보면서 장점을 비교해보는데요. 마트, 창고형 매장, 시장, 온라인 등 다양한 장소에서 장보기를 해보면 각각의 장점이 있기 때문에 필요에 따라서 그때그때 활용하면 경제적이기도 하고 좋은 상품을 구매하는 데도 효과적이에요. 그럼 두 사람 식탁에서 장보기 전 준비하면 좋은 것들과 장소별로 좋았던 몇 가지 경험을 소개하니 참고해보세요.

혼자 들 수 있는 사이즈의 장바구니

장보기 꿀팁!

    요즘은 온라인으로 자주 구매하는 편이지만 저는 그래도 마트에 가서 장 보는 걸 좋아해요. 재료의 신선도도 직접 확인할 수 있고 그때그때 제철 재료는 어떤 것들이 있는지 보면서 습득할 수 있거든요. 하지만 오프라인 장보기의 위험 요소가 몇가지 있어요. 온라인은 장바구니에 담고 합계를 바로 확인하니 예산을 넘을 가능성이 그렇게 크지 않지만 마트에서 장을 보면 오버될 때가 종종 있지요. 메모를 하고 예산을 계획했더라도 막상 눈에 보이면 사고 싶은 충동이 생기는 것들이 있거든요. 어쩔 때는 눈 딱 감고 구매하기도 하지만 이런 부분을 최대한 방지할 수 있는 방법을 몇 가지만 사전에 준비하면 계획한 예산에서 크게 벗어나지 않을 수 있답니다.

❶   오프라인으로 장을 볼 때는 되도록 식사를 한 다음에 가는 편이에요.
     배고픔은 굳이 사지 않아도 될 먹거리를 사게 만드는 가장 큰 적이죠.

❷   구매할 품목 중에 부피가 크거나 무거운 것들이 없는 한 카트를 끌지 않아요. 카트는 뭔가 채우고
     싶은 심리를 자극하는 것 같아 무거운 제품 구매 계획이 없으면 되도록 끌지 않아요.

❸   장바구니를 활용해요. 장바구니는 장보기 목록이 조금 많다고 생각할 때는
     큰 것, 평소에는 작은 것을 들고 장바구니를 넘지 않게 장을 봅니다. 수백 번 장을
     봤지만 대부분 작은 장바구니 하나면 두 사람 식탁 일주일 식재료는 충분히 담을 수 있더라고요

    몇 가지 부피가 큰 것들이 있을 때는 큰 장바구니를 사용하기도 하지만 차라리 작은 장바구니 두 개를 들고 가는 것이 더 좋습니다. 장바구니는 잘 보이는 현관에 비치하거나 차 트렁크에 여분을 하나 더 두어 잊지 않고 챙겨 가도록 하는 편이에요.

TIP

장보기 순서

장보기 목록에서 우선 단단한 것을 사고 채소와 냉장 식품 등을 가장 나중에 구매하는 코스로 장을 보는 편이에요. 채소 등 파손되기 쉬운 것들은 안전하게 담고 신선함을 최대한 유지해야 하는 냉장, 냉동 제품 등도 코스 마지막에 구매해요. 여름에는 보냉 가방을 장바구니로 활용해도 좋아요.

장보기 꿀팁 2

가성비 좋은
대형 도매 시장

　두 사람 식탁에서 아마 장보기 제일 어려운 코스라 할 수 있어요. 시장은 뭔가 불편하지 않을까 하는 막연한 선입견이 있고 코스트코 같은 창고형 매장은 대용량이 메인이라 두 사람 식탁에 적당할지 의문이었죠. 그럼에도 두 곳에서 느낄 수 있는 장점이 많기 때문에 자주는 아니지만 품목별로 활용하는 편이에요.

시장

차로 10분 정도 가면 제법 큰 시장이 있는데 주차 시설도 잘되어 있고 집에서도 멀지 않아 종종 주말을 이용해 산책 겸 장을 보고는 해요. 시장에서 주로 구매하는 품목은 달걀과 건어물로 파, 양파, 마늘 등 기본 채소들도 방문했을 때 같이 구매합니다. 일부 품목은 비슷하기도 하지만 가격적인 측면에서는 시장이 더 저렴한 것 같아요. 가게마다 전문적으로 다루는 품목이 있고 소량, 소포장 등 요즘 트렌드에 맞게 잘 정비되어 있으니 한번 둘러보세요.

몇 번 가보고는 품질과 가격이 좋은 곳을 단골로 골라두었어요. 단골이라는 게 꼭 수십 번 가지 않더라도 한두 번 구매해보고 '전에는 이 가격이었는데 뭐가 다른가요, 오늘은 ○○가 없네요~'라고 재방문이라는 표현을 하면 주인분도 첫 방문이 아니란 걸 인지하고 더 친절하게 대응해주시는 경우가 많아요. 시장 어르신들에게는 아직 어려 보이는 두 사람이 수줍게 물건을 고르고 물어보면 잘 챙겨주시기도 합니다.

달걀 파동이 있었을 때 저렴한 시장에서 한 번 구매한 적이 있는데 이때 가격과 품질이 좋아 지금도 달걀은 시간이 될 때마다 시장에서 구매하고 있습니다. 건어물은 육수나 볶음 요리 등에 필요해 몇 번 구매해보았고요. 또 아내가 떡을 좋아해 시장에 가면 여러 가지 떡과 함께 떡볶이 재료들도 저렴하게 구매하고는 해요. 시장에서 좋아하는 식재료 중 하나는 즉석 어묵인데 바로 튀겨나온 어묵은 그냥 먹어도 맛있지만 반찬이나 요리에 활용해도 정말 좋아요. 그 외 젓갈류도 구매해두면 특별한 다른 반찬 없이도 평일 저녁에 뚝딱 한 끼 해결하기에 좋고요.

대형 도매 시장은 자체적인 온라인 몰을 갖추고 있는 곳도 있어요. 그린팜처럼 가락시장에 위치하면서 허브 등 쉽게 찾아보기 어려운 품목들을 구비해놓은 곳에서는 다양한 채소를 저렴하게 구입할 수 있어 이런 곳도 종종 애용하는 편입니다. 소량 구매가 가능하다는 장점이 있고 레스토랑 등에서도 이용하는 거래처라 회전율이 빠른 것 같아 채소 신선도도 좋았어요. 또 자주는 아니지만 품질이 뛰어나 활용하는 곳도 있는데 젓갈류나 건어물처럼 오래 보관할 수 있는 품목들은 더젓갈, 백령몰 같은 곳을 활용하고는 해요.

목적이 분명할 때는 창고형 매장

장보기 꿀팁 3

　창고형 매장(주로 코스트코 이용)은 가성비는 좋지만 아무래도 대용량 위주라 목적성이 분명할 때만 장을 봐요. 휴지, 키친타월, 비닐랩 등 생필품이나 유통 기한이 어느 정도 보장된 유제품, 소진할 수 있는 범위의 채소(버섯이나 마늘 등), 원두, 냉동 제품 위주로 구매하는 편입니다. 통후추, 스테이크 시즈닝 등 대용량이지만 자주 활용하는 코스트코 필수템도 구입 항목에서 빠지지 않는 아이템이고요. 특히 저희는 베이컨, 냉동 새우, 냉동 가리비 관자 등을 자주 구매해요. 가성비도 좋고 다양한 요리에 활용할 수 있어 소분해 냉동해두면 두 사람이 남김없이 사용할 수 있어요.

　코스트코는 홈파티 등 손님이 올 경우 육류, 어류, 채소 등을 대용량으로 구매할 때 장점이 많기 때문에 재료 소진이 확실한 상황에서는 장보기에 적합해요. 육류를 구매할 때는 두 사람이 먹기에 다소 많은 편이라도 주말을 활용해 다양하게 요리해 먹고 나머지는 진공팩이나 양념을 해 잘 보관해서 한 주 더 요리하고는 해요. 온라인으로도 구매가 가능하고 특정 카드는 온라인 몰 전용 할인 혜택이 있어 온라인 장보기에도 좋습니다.

장보기 꿀팁 4 편리한 새벽 배송

마트나 시장에서 장보기를 좋아하지만 시간이 부족할 때는 아무래도 새벽 배송이 가장 편리해요. 소량 구매하기도 좋고 다음 날 아침에 바로 배송되니 이만큼 1~2인 가구에 특화된 플랫폼이 또 있을까 생각해요.

브랜드마다 장단점이 있기 때문에 개인적인 성향이나 구매 패턴에 따라 선택 후 활용하면 편리하며 효과적인 장보기를 할 수 있다고 생각해요. 하지만 너무 분산해 장을 보면 가격적인 혜택도 떨어지고 배송비도 추가 발생되어 가성비도 떨어질뿐더러 포장용 박스도 너무 많아 정리하기도 쉽지 않아요. 처음에는 낭비되는 식재료 없이 장보기를 하는 것이 우선이라고 생각하기 때문에 소량씩 구매해 자기만의 패턴을 확인한 다음 선호하는 장보기 장소를 한두 곳 정하고 할인이나 적립을 잘 활용하는 게 좋습니다. 새벽 배송은 요즘은 재활용 보냉팩으로 전환하는 업체가 많아 예전보다 포장재 낭비 부분도 많이 개선되었어요. 가입 혜택이나 할인 혜택을 이용해 재활용 장바구니 서비스를 이용하면 과도한 포장 박스 또한 줄일 수 있기 때문에 정리 면에서나 환경 등을 생각했을 때도 좋아요.

저는 일주일에 한두 번 정도 장을 보기 때문에 배송비가 발생하지 않는 범위에서 구매도 가능하고 할인 쿠폰 등을 이용하면 비싼 식재료도 종종 좋은 가격에 구매할 수 있어요. 만약 조금씩 자주 주문해서 그때그때 활용하는 편이라면 멤버십에 가입해 배송비를 절약하는 게 더 효과적이고요. 새벽 배송에는 마트에서 쉽게 접하지 못하는 다양한 상품류가 있어 식재료에 호기심이 많은 저에게는 아주 재미있는 곳이죠. 소금, 치즈, 파스타, 샐러드 채소, 허브 등 소량씩 구매하는 게 더 좋은 품목들은 주로 새벽 배송을 이용하는 편이에요.

❶ 한 주 메뉴를 정하고 장보기 목록을 메모한 후 두 곳 정도에서 동일한 상품들을 담아봅니다.
❷ 가격을 비교해보고 할인 혜택 등을 적용해 예산을 확인한 후 품목과 가격이 적합한 곳에서 구매합니다.
❸ 적립, 할인 등을 체크해 가성비도 챙겨요.
❹ 오프라인에 없거나 경험해보고 싶은 식재료 등을 찾아볼 때 유용합니다.

두 사람 식탁이 활용하는 새벽 배송

	Market Kurly	SSG.COM
새벽 배송 주문 가능 시간	23:00까지	새벽 배송 및 오전, 오후 원하는 시간대 예약 가능
배송 형태	• 종이 박스 or 재활용 컬리퍼플 박스 1만5000원에 구입 후 이용 • 70% 할인 쿠폰 적용 가능. 장 본 후 보관 중인 퍼플박스를 문 앞에 두면 장 본 것들을 넣어두고 감  4만원 이상 무료 배송	• 종이 박스 or 보냉팩 첫 주문 시 보냉팩 무료 이용 가능  4만원 이상 무료 배송
멤버십	• 컬리패스 월 4500원 • 1만5000원 이상 구매 시 무료 배송	• 정기 배송 신청 시 • 2만원 이상 구매 시 무료 배송
비고	일반적인 재료를 구매하기 편리하고 두 사람 식탁에 알맞은 용량으로 구성되어 있어요. 이곳에서만 구매할 수 있는 품목도 장점이고 궁금한 식자재가 있을 때 정말 유용해요. 각종 향신료나 허브, 치즈, 오일 등 요리하면서 종종 색다른 맛을 시도해보고 싶을 때 검색하면 마트에 없는 정말 다양한 제품을 찾아보는 재미가 있어요.	오프라인 매장 상품 그대로 온라인에서 구매할 수 있도록 상품도 다양하고 각종 카드 혜택, 등급별 혜택이 다양해요. 새벽, 오전, 오후 원하는 시간대를 예약해서 배송받을 수 있고 배송 전에 물품을 추가하면 배송비가 추가되지 않아요.

	coupang	OASIS
	24:00까지	24:00까지
	● 종이 박스 or 로켓와우 이용 시 재활용 보냉팩 무료	● 종이 박스 or 첫 구매 시 재활용 보냉팩 무료
	● 로켓와우 월 4990원 로켓 배송 상품 하나 이상 구매 시 무료 배송 ● 로켓프레시 1만5000원 이상 주문	● 자주 구매하거나 반복 구매하는 것들을 저렴한 가격에 정기적으로 배송받는 정기 배송 서비스가 있음
	가공식품이나 생필품 등을 구매할 때 가성비가 좋아 찾아보게 돼요. 멤버십 이용 시 로켓 배송 한 개만 구매해도 무료 배송이라 장을 보고 한두 개 깜박하고 빼먹은 것들이 있을 때 이용하면 좋아요. 조금씩 자주 구매하는 패턴일 때 효과적이라고 생각해요.	마켓컬리나 쿠팡 등에 익숙하면 다소 어색한 플랫폼이에요. 하지만 유기농 제품이나 생산자 직배송 등으로 저렴하면서 지역 특산물 등을 찾아보고 싶을 때 둘러보면 나름 좋은 상품들이 많아 활용하기에 적합해요.

할인이나 쿠폰 적극 활용

장보기 꿀팁 5

알뜰 장보기에서 한 주 예산을 정하고 메모한 다음 장을 보는 것은 여러 면에서 중요해요. 절약 개념도 있지만 조금 더 좋은 제품을 저렴하게 구매하도록 찾아보게 되고 어떤 것이 좋은지 비교할 수 있는 습관도 생기는 것 같아요. 그럼에도 착한 가격만 존재하는 건 아니기 때문에 같은 제품을 좀 더 저렴하게 구매할 수 있는 방법을 찾아 활용하면 예산안에서 좀 더 풍성한 장보기를 할 수 있어요.

상황에 맞게 온라인이나 오프라인을 선택해 장을 보지만 더 저렴한 곳을 체크한 다음 품목별로 나누어 구입하기도 해요. 다만 이때 온라인에서는 배송비가 발생하지 않는 범위로 이용하거나 무료 배송 쿠폰이 있을 때 활용하는 편이에요. 마트에서 장을 볼 때는 혼잡하지 않은 늦은 저녁에 가면 시간도 절약할 수 있기 때문에 주말보다는 주로 평일 퇴근 후에 장보기를 해요. 저녁을 먹고 마감 전에 방문하는 경우가 많은데 이 시간대의 몇 가지 좋은 점도 발견하게 되었어요. 마감 1~2시간 전에는 마감 세일이라 같은 제품도 할인된 가격으로 판매하는 경우가 많아요. 육류, 가금류, 해산물, 채소 등 해당 주까지 유통 기한이 남아 있는데도 새 상품이 입고되면 20~30%에서 반값까지 할인을 많이 하지요. 종종 이런 품목들을 구매하면 가성비가 정말 좋아요. 또 카드사별로 다르겠지만 제가 사용하는 카드는 5만원 이상 구매 시 5000원 할인해주기 때문에 마감 세일과 카드 할인 등을 동시에 활용하면 꽤 저렴하게 장을 볼 수 있어요.

저는 주로 수요일이나 목요일 저녁에 장을 보는데 여건이 안 되면 금요일에 한 주 먹거리 장을 보는 편이에요. 수요일과 목요일에 장을 보는 이유 중 하나는 금요일부터 일요일까지 요리를 자주 해 신선 재료를 바로 소진할 수 있기 때문이에요. 남은 재료로 월요일, 화요일 메뉴를 선정한 다음 다시 한 주 장보기를 하는 패턴이지요. 장 보는 날짜를 정하는 것도 좋을 것 같아요.

그리고 경험상 자주 애용하는 온라인 몰의 경우 월~수요일 사이 특정 품목 할인이나 할인 쿠폰이 가장 많이 오는 편이더라고요. 이때 받은 쿠폰이 소멸되기 전에 장을 보면 할인이 많이 적용되기 때문에 유용합니다. 온라인 장보기 플랫폼은 여러 브랜드가 있어서 편리하거나 본인 패턴에 좀 더 맞는 곳을 선택해 한곳을 정한 다음 이용하는 것이 혜택도 크고 좋아요. 저는 마켓컬리가 품목도 다양하고 몇 가지 제품은 이곳에서만 구매할 수 있어 자주 이용하는 편이에요. 쿠팡이나 오아시스, 쓱배송 등도 이용하는데 어쨌든 분산하기보다는 한곳을 정해 장을 보는 게 배송비며 할인율 등 더 효과적이에요. 그 외 네이버 멤버십으로 스마트스토어는 새벽 배송으로 받아야 할 만큼 급하지 않거나 신선 식자재보다는 가공된 식자재 구매 시 활용하는 편이에요. 멤버십 비용이 발생하기는 하지만 가입과 함께 멤버십용 카드를 활용하면 가족도 동일한 혜택과 함께 최대 10~15% 더 저렴하게 구입할 수 있어요. 파스타 면, 각종 소스, 오일류 등을 구매할 때 활용하는 편인데 이때도 무료 배송 또는 배송비가 부과되지 않는 범위에서 이용하고 추후 동일한 품목 구매 시 포인트를 활용하면 더 저렴하게 구매할 수 있어 종종 활용하는 편이에요.

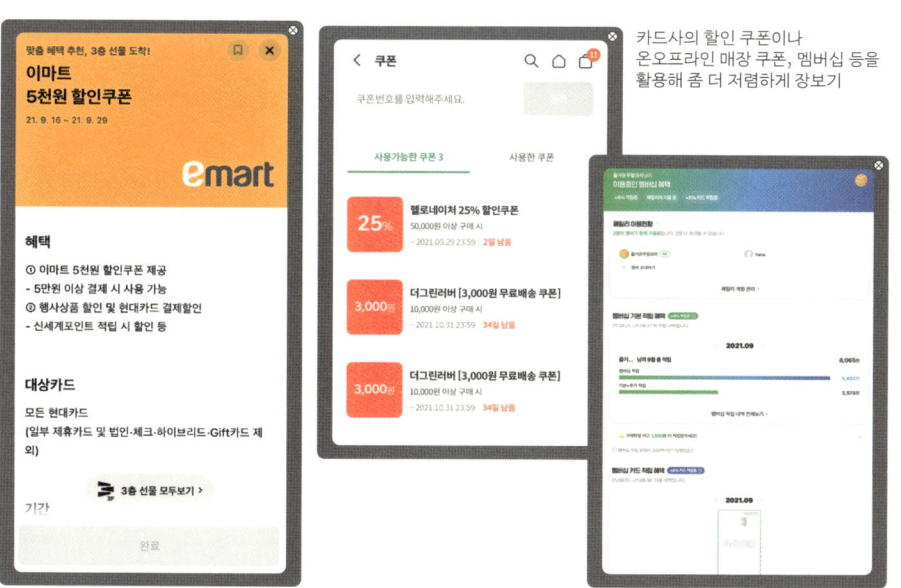

카드사의 할인 쿠폰이나 온오프라인 매장 쿠폰, 멤버십 등을 활용해 좀 더 저렴하게 장보기

두 사람 식탁의 장보기 예시

일주일 메뉴 정하기

김밥
토마토파스타
샌드위치
돼지불고기
토마토제육

장보기 목록 메모하기

서브 메뉴를 미리 생각해 목록을 적고 사야 할 품목을 가장 싸게 판매하는 곳을 찾아본 후 할인, 쿠폰 등을 확인해 장 볼 곳을 선택합니다.

예
- 주말 김밥을 만들고 남은 채소는 비빔밥 활용
- 과일 몇 개가 있어서 고기 양념에 활용
- 고기는 품질 좋은 집 앞 단골 정육점에서 구매
- 달걀은 단골집(시장)에서 구매

장보기

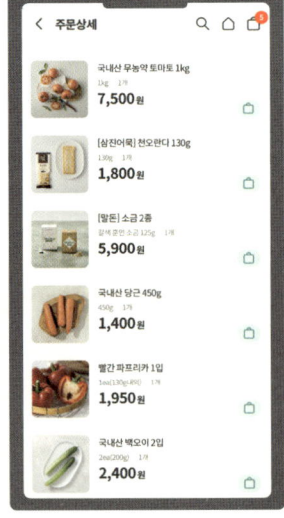

맛있게 완성!

TIP

남은 토마토는 토마토김치, 오믈렛 등 메뉴를 추가하거나 서브 재료로 활용해 모두 소진!

남김없이 사용하기

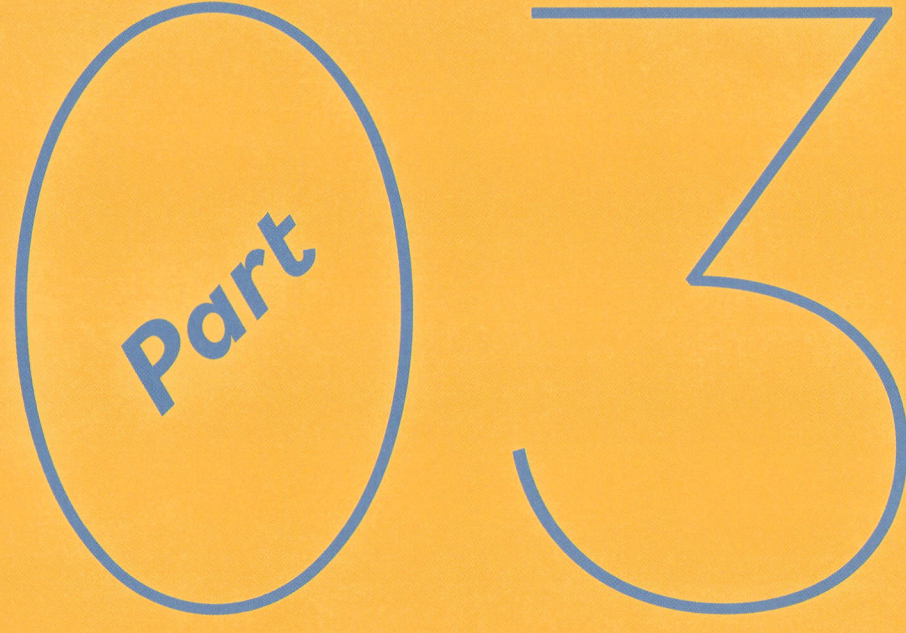

미리 준비하는
두 사람 식탁

집밥도 맛집처럼

주말이나 쉬는 날에는 시간적 여유가 있다 보니 집밥을 할 때 좀 더 맛있게 만드는 방법은 없을까, 어떻게 조리하면 더 맛있을까 하고 레시피 북이나 유튜브 등을 보며 나름 취미 시간을 가지고는 해요. 하지만 평일 퇴근 후 저녁에는 좀 더 빠르고 맛있게 한 끼 해결하기 위해 간단한 요리들 위주로 하죠. 이럴 때 몇 가지 기본 베이스가 되는 재료들을 만들어두면 빠른 시간 안에도 깊은 맛의 요리를 완성할 수 있어요.

처음 준비할 때는 좀 번거롭기도 하고 남으면 공들인 시간이 아깝다고 생각할 수 있지만 작은 차이로 맛의 변화를 경험해보면 생각보다 금방 습관이 되어 수월하게 준비할 수 있어요.

저는 보통 금요일 저녁이나 주말을 활용해 일주일 또는 한 달 정도 사용할 양만큼 만들어 냉장고에 보관해요. 처음에는 다양한 종류를 만들어보기도 했지만 이것 또한 남는 양이나 활용 빈도를 생각해 이제는 3가지 정도만 만들어 사용하는 편이에요.

또 하나 모든 소스를 만들어보고 싶은 욕심은 있지만 몇 가지는 제품을 구매해 입맛에 맞게 준비해두면 아주 맛있는 요리가 완성되고 다양한 맛을 연출할 수 있어요. 저는 한 가지 브랜드나 제품을 고집하는 편은 아니지만 골고루 맛본 다음 저희에게 맞는 제품을 반복해서 구매해요.

맛집에서 시원한 평양냉면이나 따근한 곰탕 한 그릇 먹을 때 그 깊고 풍부하면서 오묘한 맛을 둘이 사는 집에서 만들어 먹는다는 건 쉬운 일이 아니에요. 어쩌면 사 먹는 게 더 맛있고 저렴한 것도 사실이고요. 대량으로 준비했을 때만 나오는 깊은 맛을 집밥에서 표현하기는 어려워요. 그래도 부족하지만 몇 가지 재료만 준비해두면 맛집 못지않게 맛이 훨씬 풍부해지고 깊어지는 걸 느낄 수 있습니다. 간단하지만 빼먹지 않고 몇 가지 미리 만들어두는 것들을 소개할게요.

두 사람 식탁 육수

국물 요리나 볶음 요리를 할 때 육수를 활용하면 물을 넣을 때보다 깊고 풍부한 맛을 느낄 수 있어요. 멸치 육수, 채소 육수, 바지락 육수, 치킨스톡 등 요리마다 육수를 따로 만들기도 하지만 두 사람 식탁에서는 몇 가지 재료를 혼합해 한 가지 육수로 2000~2500ml 정도를 만들어두고 냉장 보관해요. 이 정도면 보통 일주일 정도 사용합니다. 찌개를 만들 때는 기본적으로 이 육수를 사용하고 솥밥을 할 때도 육수로 밥을 지어 먹기도 해요. 볶음 요리에도 육수를 농도와 간을 맞출 때 사용하는데 감칠맛이 더 느껴져요.

재료
물 2500ml, 똥 제거한 멸치 8~12마리, 대파 흰 부분 10cm 2~3개,
양파 ¼개, 표고버섯 기둥 4~5개, 다시마 8~10cm 1조각, 마늘 4~5쪽

❶ 멸치, 대파, 양파, 표고버섯 기둥은 달군 팬에 노릇하게 볶아주세요.

❷ 물에 볶은 재료와 나머지 재료를 넣고 20분 정도 약한 불에서 천천히 우리다가 불을 중간 불로 올려 20분 정도 더 끓인 다음 한 김 식혀요.

TIP
① 약한 불에서 천천히 우려내면 비린 맛이 나지 않아요.
② 표고버섯 갓 부분은 요리에 사용하고 기둥을 따로 모아 육수, 맛간장에 사용해요.
③ 국물용 멸치는 냉동 보관하기 때문에 팬에 구워 수분을 날려주면 비린내가 안 나요.

맛간장

한번 만들어 냉장 보관하면 한 달 정도 사용하는 편이에요. 맛술로 염도를 낮추고 채소 등을 추가해 단맛과 향을 추가하면 맛간장 하나만으로도 웬만한 볶음 요리는 맛있게 할 수 있어요. 대파와 양파를 메인으로 넣지만 남은 자투리 채소들이 있다면 모두 넣어 활용하기도 합니다. 국물 요리에 사용하는 국간장을 제외하고는 거의 모든 요리 양념에 활용하기 때문에 한번 만들 때 충분히 만들어두고 사용하는 편이에요.

재료
양조간장 3컵, 미림 2컵, 다시마 8~10cm 1조각,
대파 흰 부분 10cm 2~3개, 양파 ½개, 생강가루 ½ts, 마늘 4~5쪽,
표고버섯 기둥 4~5개(없으면 제외)

❶ 간장에 미림과 다시마, 대파, 표고버섯 기둥을 넣어요.

❷ 양파를 채 썰어 팬에 노릇하게 볶아 넣어요. 생강가루와 꾹 눌러 으깬 마늘을 넣어요.

❸ 20~30분 중불에 끓인 다음 한 김 식혀 양념통에 넣어 냉장고에 보관해요

TIP

① 매운맛을 좋아하면 청양고추 또는 페페론치노를 취향에 따라 추가해도 좋아요.
② 은은한 단맛과 감칠맛으로 풍미를 좀 더 좋게 하는 구기자를 15~20개 정도 추가해도 좋아요.

고추기름

    시중에서 판매하는 고추기름보다 향이나 맛을 내 취향대로 조절할 수 있고 풍미도 더 깊어 고추기름은 만들어두고 사용하는 편이에요. 볶음 요리나 샐러드 등 마지막에 맛의 포인트로 몇 방울 사용하면 더 맛있는 요리가 완성돼요.

재료
식용유 1컵, 대파 흰 부분 10cm 1개, 다진 마늘 1Ts, 고춧가루 1Ts

❶ 식용유에 대파 흰 부분을 잘게 썰어 넣고 중불로 끓여요.

❷ 기름이 보글보글 끓기 시작하면 불을 끄고 다진 마늘과 고춧가루를 넣고 잘 저어주세요.

❸ 20~30분 정도 식혀 거름망에 걸러 소스통에 담아 냉장 보관해요.

TIP
좀 더 매콤한 맛을 원하면 페페론치노나 매운 고추 등을 고춧가루 넣을 때 추가하세요.

🧂 소스와 맛 재료

저는 마트에서 소스 코너를 제일 사랑해요. 정말 다양한 소스들을 보면 이건 무슨 맛일까 너무 궁금하죠. 사실 어디에 사용하는지도 모르면서 구매한 소스도 많았답니다. 그런데 소스를 막상 사려고 하면 왠지 다 먹지 못하고 버릴 것 같은 기분이 들 때가 있죠. 저도 처음에는 몇 번 먹지도 못하고 버린 소스 때문에 아내한테 혼쭐이 나기도 했어요. 하지만 지금은 자주 활용하고 좋아하는 소스로만 구매하고 있어요. 또 적당한 유통 기한과 용량으로 구매하기 때문에 남는 일은 없답니다.

제일 좋아하는 식재료는 올리브유

저는 오일이 필요한 요리에는 튀김을 제외하고는 거의 대부분 올리브유를 사용해요. 올리브의 향과 맛도 좋고요. 올리브유는 면역 기능이나 항균 작용에도 효과가 있다고 해요. 좋은 올리브유는 아침에 한 스푼씩 생식으로 복용하면 위를 부드럽게 코팅해주는 기분마저 들죠. 선호하는 특정 브랜드는 없지만 맛있는 올리브유 한두 병 준비해두면 편리해요. 주말 아침 신선한 샐러드에 올리브유와 발사믹 식초, 소금, 후추만 뿌려도 정말 맛있게 먹을 수 있어요.

▶ **올리브유**
저는 순하고 부드러운 그리스산 칼라마타 올리브유와 프레시한 향과 매콤한 맛이 정말 좋은 스페인산 널리브 올리브유를 주로 구매해요. 종종 할인이나 행사로 가격이 괜찮으면 평소 먹어보고 싶었던 올리브유를 구매하는데 개봉 후부터 산화되기 때문에 되도록 빨리 먹는 게 좋아요. 가능하면 작은 사이즈로 구매해 서늘하고 어두운 곳에 보관하세요.

▶ **올리브**
올리브는 솥밥이나 고기 먹을 때, 샐러드 그리고 술안주로 활용하기 좋아 항상 준비해둬요. 제일 좋아하는 알이 크고 과육이 아삭한 그린 체리놀라와 먹기 간편하게 씨를 제거한 올리브를 보통 구매해요.

소금만 잘 사용해도 음식 맛이 업!

소금은 여러모로 정말 중요해요. 그냥 간을 맞추는 재료 이상으로 좋은 소금은 음식 맛을 훨씬 더 좋게 해주죠. 소금은 적은 양으로 다양하게 출시되어 있어 좋아하는 소금 몇 가지를 사서 골고루 사용하는 편이에요. 신안 천일염을 주로 사용하는데 일부는 볶아 식힌 다음 갈아서 사용해요. 이렇게 하면 짠맛이 조금 가벼워져 좋아요. 소금이 그냥 짜기만 한 것이 아니라 나름의 염도와 맛이 있어서 조금씩 맛보면 그 차이가 느껴져요. 소금을 2~3가지 구매해 고기나 샐러드, 국물 요리 등에 어울리는 것으로 각각 달리 사용해요.

▶ **천일염**
한식 등 여러 요리에
골고루 사용

▶ **히말라야 소금**
구운 채소, 샐러드,
디저트 등에
가볍게 사용

▶ **플뢰르 드 셀**
해산물, 샐러드, 육류에
깔끔하게 사용

▶ **말돈 솔트**
스테이크나
닭 요리 등의 육류에
안성맞춤!

소스와 향신료

마요네즈와 케첩만 있어도 맛있는 소스를 만들 수 있지만 여기에 몇 가지를 추가하면 정말 다양한 소스를 만들 수 있어요. 소스 종류는 상상을 초월하기 때문에 아마도 여기 소개하는 것보다 훨씬 맛있는 소스도 많을 거예요. 저도 신제품이나 맛있다는 정보가 있으면 종종 구매해요. 맛있는 소스를 맛보는 탐험은 저에겐 또 하나의 재미예요. 단 어떤 소스를 구매하더라도 최대한 모두 활용하는 편이에요. 자주 사용하면서 절대 남기지 않는 소스와 향신료 등을 정리해봤어요.

▶ **머스터드**
샐러드나 고기 먹을 때, 소스를 만들 때 자주 사용

▶ **바질 페스토**
유통 기한이 짧은 제품은 프레시함이 더 강해 한 주 메뉴에 바질 페스토가 필요할 때 구입해 빨리 사용

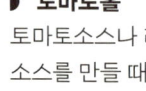

▶ **토마토홀**
토마토소스나 라구 소스를 만들 때 사용

▶ **파프리카 파우더**
이국적인 매운맛을 추가할 때 사용

▶ **카옌페퍼**
이국적인 매운맛을 추가할 때 사용

▶ **발사믹식초**
사과식초나 현미식초와는 완전히 다른 새콤함과 향미로 샐러드나 해산물 요리에 자주 사용

▶ **페페론치노**
파스타, 샐러드 등에 매콤함을 추가할 때 사용

▶ **너트맥**
아내가 가장 좋아하는 투움바 파스타에 사용

▶ **스리라차, 핫소스**
매운맛을 좋아해
이국적인 매운맛을 위해
자주 구매하는 품목

▶ **메이플시럽**
프렌치토스트,
크로플 등 주말
브런치에 빠질 수
없는 최애 시럽

▶ **레몬주스**
레몬 대신 사용하기
편하고 유통 기한도
충분해 샐러드나 튀김
요리 등에 활용

▶ **꿀**
설탕 대신 단맛을
더할 때 사용

▶ **치킨스톡**
직접 만든 치킨 육수보다는 못하지만
요리에 사용하기 편리해 분말, 액상,
고형 등 골고루 사용

▶ **바비큐 소스**
개인적으로 좋아하는
소스로 돈가스소스와
혼합해 사용

▶ **노추**
노두유라고도 하며
감칠맛이 좋은 중국 간장

▶ **굴소스**
볶음 요리 등에
빠질 수 없는
감칠맛

▶ **월계수 잎**
수육 등 고기 잡내를
없앨 때, 라구 소스를
만들 때 사용

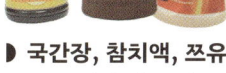

▶ **참 소스**
고기에 곁들이는 양파절임을
초스피드로 만들 때 사용

▶ **국간장, 참치액, 쯔유**
국물 요리와 면 요리 등에 감칠맛을 더할 때 사용

치즈와 면

요즘은 집에서 누구나 쉽게 파스타를 즐기지요. 저희 부부도 면 요리를 좋아해 반죽을 직접 만들기도 하지만 맛있는 면은 항상 준비해두고 있어요. 또 예전에는 종류가 이렇게 많은지 몰랐는데 치즈도 정말 소스만큼이나 다양해요. 그중에서 몇 가지 준비해두면 맛있는 주말 요리를 근사하게 차릴 수 있어요. 치즈는 개봉 후 되도록 빨리 먹는 것이 좋기 때문에 한꺼번에 너무 많은 양을 사는 것보다는 입맛에 맞는 것으로 작은 사이즈를 선택하는 게 좋아요. 저는 주로 3~4가지 치즈를 구매하는데 각자 특성이 다르기 때문에 다양한 요리에 활용하면서 최대한 빨리 먹으려고 해요. 다만 치즈는 유통 기한이 종류마다 차이가 있어 한 주 메뉴에 맞게 구매 후 보관에 신경 쓰면서 활용하면 좋아요.

유통 기한 약 1개월

▶ **몬트레이, 콜비잭**
부드럽고 쫀득해 간단하게 피자나 토스트 만들 때, 각종 채소 구울 때 활용하면 맛과 식감을 새롭게 해주죠. 코스트코 같은 곳에서는 워낙 큰 사이즈라 작은 사이즈로 구매하고 남은 치즈는 공기가 들어가지 않도록 보관해요.

▶ **파르미지아노레지아노, 골드 벨라비타노**
파르미지아노레지아노는 항상 구매해두는 치즈 중 하나예요. 파스타나 샐러드 만들 때 치즈 풍미와 함께 짭조름해 간도 맞추어주는 최애 치즈예요. 골드 벨라비타노도 자주 구매하는 치즈예요. 세미하드 치즈로 견과류의 고소함과 은은한 과일 향이 그냥 먹어도 맛있고 와인 안주로도 좋아요. 샐러드에 추가해도 너무 맛있어요.

유통 기한 약 1년

◗ **모차렐라, 부라타**

자주 구매하는 치즈예요. 샐러드랑 연출하면 정말 먹음직스럽고 올리브유와 꿀, 발사믹식초 등과도 잘 어울려 주말 브런치 메뉴에서 빠질 수 없어요. 단 유통 기한이 가장 짧기 때문에 주말 브런치 메뉴가 있을 때에만 구입하는 편이에요.

유통 기한 약 1주일

◗ **파스타 면**

마트에서 흔히 볼 수 있는 파스타 면을 하나둘 먹어보다 좀 더 맛있는 건 없을까 찾아보게 되었어요. 그중에서 여러 번 구매한 파스타 브랜드는 루스티켈라, 라 파프리카, 마르텔리인데 먹는 동안 잘 퍼지지도 않고 쫀쫀해 웬만한 초보 요리사가 만들어도 꽤 그럴싸한 파스타가 완성되어요. 카펠리니, 스파게티, 링귀네, 페투치네 이렇게 4가지 면을 주로 구입하고 오일, 크림 베이스 등에 골고루 활용해요. 특히 오일 베이스 파스타에는 들어가는 재료가 많지 않아 면의 중요성이 크기 때문에 한번 활용해보면 좋을 것 같아요.

재료 손질은 미리미리

요리는 조리하는 과정보다 재료 준비에 다소 시간이 더 걸릴 때도 있어요. 시간이 절약되도록 장을 본 후 어떤 재료들은 바로 손질하는데 꼼꼼한 아내가 재료 손질 및 보관을 아주 깔끔하게 해주는 편이에요. 재료별로 손질 방법에 따라 좀 더 오래 신선하게 보관하면서 편리하게 사용할 수 있으니 참고해보세요. 반복적으로 구매하는 품목들은 거의 정해져 있기 때문에 한두 번 적용해보면 금방 익숙해진답니다. 그리고 시간 절약도 중요하지만 재료 준비를 하면서 두 사람의 정량을 알아갈 수 있고 이것이 반복되면 남기지 않는 두 사람 한 끼 식사를 만드는 데 도움이 돼요. 어떤 요리는 충분히 만들어 반복적으로 조리하면 맛이 좋아지는 경우도 있지만 아무리 맛있는 음식도 일주일 계속 먹는다면 질리겠죠. 그래서 저희는 특별한 경우가 아니면 한 끼 먹을 만큼만 맛있게 만들어 남기지 않으려고 해요. 이때는 요리 전 미리 재료들을 트레이나 접시에 준비해 요리 순서대로 사용하는데 이렇게 하면 둘이 먹는 재료의 양을 어느 정도 파악할 수 있어서 남기지 않게 되고 실제 요리 시간도 절약되어 좋아요.

예시

TIP 메뉴에 따라 메인 재료와 채소 등은 손질해 준비하고 소스류 등은 미리 혼합해두면 편리해요. 고기, 단단한 채소, 소스 등 순서대로 조리하면 쉽고 빠르게 요리할 수 있어요.

간단한 메뉴라도 요리하기 전에 필요한 재료와 소스 등을 조리대 위에 미리 준비하면 만들 때도 간편하고 뒷정리도 깔끔하게 할 수 있어요. 재료 준비용 스테인리스 트레이를 4개 정도 구매하면 웬만한 두 사람 식탁 메뉴의 재료 준비는 다 해결할 수 있어요.

재료 보관에 필요한 부자재들

랩, 신문지, 종이 포일, 키친타월, 지퍼백, 밀폐 용기만 있으면 대부분의 재료를 신선하게 보관할 수 있어요. 저는 가능하면 가정용 진공 포장기도 추천해요. 일주일씩 먹을 만큼만 장을 보기 때문에 일반적인 재료에 많이 사용하지 않지만 육류나 해산물, 치즈류 등 더 맛있게 조리하거나 장기간 보관이 필요한 것들에는 유용하답니다. 또 1회용 비닐봉지에 비해 지퍼백은 여러 번 재활용이 가능해 더 선호하는 편이에요.

TIP

재료 준비 후 자투리 채소들은 밀폐 용기에 키친타월을 깔고 모아두세요. 다음 요리에 유용하게 사용할 수 있어요.

채소 보관하기

식재료 중에서 채소는 의식적으로도 많이 먹으려 하고 아내가 종종 다이어트를 외칠 때면 채소로만 메뉴를 구성해 요리할 때도 많아요. 건강한 식생활을 위해서는 필수이기 때문에 채소를 많이 섭취하려고 하는데 아무래도 쉽게 남고 식재료가 낭비되는 건 채소가 제일 큰 부분을 차지해요. 채소는 보관 기간이 짧고 신선한 상태가 다른 재료에 비해 오래가지 않아 한두 번 계획했던 메뉴를 못 만들거나 건너뛰면 짓무르거나 신선도가 떨어져 사용하고 싶지 않은 경우가 종종 발생해요. 그래서 저는 재료 보관에서 채소를 제일 신경 쓰고 손질 시간이 좀 걸리더라도 우선적으로 정리하는 편이에요. 어떤 경우는 장보기 예산의 40~50%를 채소가 차지하기도 하는데 보관에 조금만 신경 쓰면 신선함을 유지하면서 낭비하지 않고 대부분 소비할 수 있어요.

▶ **양파**
양파는 일주일에 4~5개 이상은 사용하기 때문에 구매 후 껍질을 손질해 랩으로 하나하나 감싸고, 나중에 사용할 것들은 키친타월을 두르고 랩으로 감싸요. 이때 물로 세척하지 않고 사용하기 직전에 세척해 사용해요. 물기가 있으면 금방 짓물러요. 냉장고 채소실에 보관하면 1~2주 사용 가능해요.

▶ **대파**
시들한 끝부분을 정리하고 몸통(흰 부분), 초록 부분, 뿌리 이렇게 3등분으로 나눈 다음 키친타월로 감싸 밀폐 용기에 담아 보관해요. 뿌리 부분은 깨끗하게 세척해 육수 만들 때 넣기 때문에 따로 보관하거나 손질 시 바로 쓰는 편이에요. 보통 대파 1단이면 일주일 정도 사용해요.

▶ 버섯류

버섯은 구매 후 키친타월로 감싸 지퍼백이나 밀폐 용기에 담아 보관하고 사용할 때도 먼지 정도만 털어주면 되는데 찜찜하다면 물로 간단하게 세척 후 사용해도 돼요. 표고버섯은 기둥을 분리해 육수 끓일 때 넣는데 식품건조기를 사용하면 좀 더 오래 보관할 수 있어 종종 건조 후 밀폐 용기에 담아두기도 해요.

▶ 뿌리채소

감자, 당근, 우엉, 연근, 무 등 뿌리채소들은 여름 외에는 서늘한 베란다에 보관하는 편이에요. 대부분의 뿌리채소들은 신문지로 감싸 지퍼백이나 검은 비닐봉지에 넣어 보관하고 감자의 경우 사과를 하나 넣어 함께 보관하면 사과에서 나오는 에틸렌가스가 싹이 생기는 걸 억제한다고 해요. 하지만 그 정도로 오래 보관할 만큼 많이 구매하는 편이 아니라 신문지에 싸서 보관해도 충분해요.

▶ 단단하지만 수분이 풍부한 채소

오이, 호박 등 단단하지만 수분이 풍부한 채소는 신문지나 키친타월로 감싸 지퍼백에 담아 냉기에 직접 닿지 않게 보관합니다.

▶ **고추**
꼭지를 따서 밀폐 용기나 지퍼백에 보관한 후 요리 전 세척해 사용해요.

▶ **마늘**
깐 마늘을 주로 구입하는데 가성비 측면에서도 좋고 바로 다져 사용하면 훨씬 더 진한 마늘 향을 즐길 수 있어요. 그럼에도 종종 편리함을 찾을 때는 다진 마늘을 구입하기도 해요.

▶ **토마토**
냉기가 맞닿으면 금방 시들해서 되도록 실온에 보관해요. 꼭지를 따서 꼭지 딴 부분을 아래로 향해 보관하면 처음 상태에서 큰 변화 없이 일주일 정도는 사용할 수 있어요.

▶ **양배추 등 샐러드 채소**
샐러드 채소 등 잎채소나 수분을 많이 포함한 채소들은 금방 시들기 때문에 장 본 후 바로 사용하는 게 좋아요. 하지만 남는 것들은 키친타월이나 신문지로 감싼 후 밀봉하면 신선함을 좀 더 오래 유지할 수 있어요. 루콜라, 로메인, 양상추, 양배추 등은 키친타월로 한번 감싸 지퍼백에 담아 보관해요.

▶ **잎채소**
잎채소는 냉장고 채소칸에 보관하되 최대한 냉기에 직접 닿지 않게 보관하는 게 신선함을 오래 유지할 수 있어요(**냉기가 채소에 직접 닿으면 금방 시들해짐**). 따라서 쪽파, 미나리, 깻잎, 쑥갓, 청경채, 시금치, 셀러리 등은 키친타월로 감싼 다음 지퍼백이나 밀폐 용기에 보관하면 좋아요. 미나리나 셀러리는 잎 부분과 몸통을 분리하면 부피가 줄어 메뉴에 따라 사용 부위를 나누어 보관하기도 해요.

▶ **허브류**
바질, 민트, 로즈메리 등 허브를 자주 구매하는 건 아니지만 종종 사용할 때는 필요한 만큼 최대한 소량으로 구매해요. 또 바로 사용하지 않을 경우 샐러드 채소 보관과 동일하게 키친타월로 감싸 지퍼백이나 밀폐 용기에 보관합니다.

▶ **브로콜리**
브로콜리는 키친타월로 초록 부분을 감싸 랩으로 밀봉하거나 지퍼백에 보관해요.

▶ **콩나물**
수분이 많은 콩나물이나 숙주는 구매 후 바로 사용하는 것이 가장 좋으며 늦어도 1~2일 이내에 사용하세요. 사용하고 남는 경우 키친타월로 감싸 밀폐 용기 또는 지퍼백에 보관하면 최대 5일까지 사용할 수 있어요.

▶ **레몬, 라임**
샐러드나 고기, 해산물 요리 등에 자주 쓰는 재료라 주기적으로 구매하는데 즙을 짜거나 슬라이스해 사용해요. 레몬은 베이킹소다를 푼 물에 담가둔 후 깨끗히 세척하고 물기를 닦아 지퍼백에 보관해요. 남은 재료는 랩으로 감싸 밀폐 용기에 담아두었다 사용해요.

과일 보관하기

과일도 채소처럼 자주 챙겨 먹으려 노력해요. 특히 사과는 아내가 매일 아침 한 잔씩 갈아주기 때문에 냉장고에 항상 구비해두는 과일 중 하나예요. 제철 과일은 꼭 챙겨 먹고 과일에 따라 냉장고와 실온에 보관해요. 단맛이 감소하기 때문에 특별한 상황이 아니면 냉동하지는 않아요. 과일도 채소처럼 냉기가 직접 닿으면 금방 마르고 단맛이 줄어들어 키친타월로 감싸 지퍼백 또는 밀폐 용기에 보관하는 것이 좋아요.

▶ **사과, 배**
실온에 보관하거나 냉기가 직접 닿지 않도록 비닐봉지나 지퍼백에 넣어 냉장고 채소실에 보관해요.

▶ **딸기**
구매한 용기 그대로 랩으로 감싸 냉장고 채소실에 보관해요.

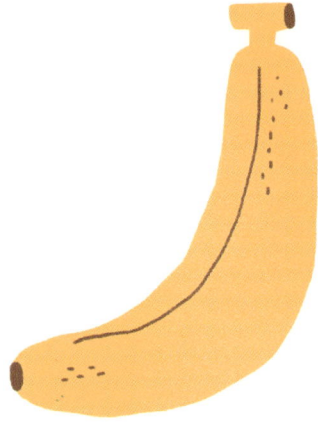

▶ **바나나**
줄기 부분을 쿠킹 포일로 감싸 너무 과숙되는 걸 방지해요. 실온에 보관하며 접촉되는 면부터 금방 짓무르기 때문에 옷걸이 등에 걸어두면 좋아요.

▶ **수박**
먹기 좋은 크기로 잘라 밀폐 용기에 보관하며 2~3일 안에 먹는 것이 좋아요.

▶ **귤, 오렌지**
실온에 보관하고 먹기 1시간 전 냉장고에 넣어 시원하게 먹어요. 하지만 번거로울 때는 지퍼백에 담아 냉장고 채소실에 보관해요.

▶ **아보카도**
실온에서 후숙한 후 랩으로 감싸 냉장고에 보관해요.

▶ **망고, 홍시**
구매 후 후숙해 먹어야 더 달고 맛있어요. 직사광선을 피해 서늘한 실온에서 보관한 후 먹기 전 냉장고에 넣어 시원하게 해서 먹어요.

▶ **키위**
지퍼백이나 밀폐 용기에 담아 냉장고 채소실에 보관해요. 특히 파인애플과 키위는 육류의 소화를 돕는다고 해서 고기 먹을 때 즐겨 곁들이는 과일이에요.

▶ **멜론**
실온에서 후숙 후 냉장 보관해 먹어요. 먹고 남은 멜론은 씨를 제거하고 랩으로 감싸 냉장고 채소실에 보관해요.

▶ **파인애플**
커팅된 제품을 구매하고 구입 용기 그대로 지퍼백에 담아 보관해요.

▶ **포도**
신문지 또는 키친타월로 하나하나 감싸 지퍼백에 넣어 냉장고 채소실에 보관해요.

육류와 가금류 보관하기

주요 구매 품목
스테이크용 고기, 제육용 고기, 삼겹살, 목살, 베이컨, 닭

저희 둘 다 고기를 좋아하는 편이라 일주일에 두 번 이상은 고기 메뉴를 만드는데요. 고기는 주로 집 앞 단골 정육점에서 구입해요. 먹고 싶을 때 먹을 만큼만 구매해 바로 조리하는 게 가장 맛있기 때문이에요. 단골이다 보니 고기 부위에 대한 여러 정보도 들을 수 있고 손질도 부탁할 수 있어 자주 애용해요.

그 외 새벽 배송이나 코스트코에서도 종종 구매하는데 바로 조리하지 않을 때는 키친타월이나 종이 포일로 감싸 진공 팩이나 밀폐 용기에 보관해야 오래도록 신선하게 유지할 수 있어요. 냉동해야 할 경우는 양념을 하거나 얼음물에 담근 후 랩으로 감싸 냉동하면 얼음막이 생겨 수분 증발을 조금은 보완할 수 있어요.

▶ **다짐육**
라구 소스, 햄버거 패티 등을 요리할 때는 다짐육으로 구매하고 밑간을 해서 밀폐 용기에 보관해요. 라구 소스는 대량으로 만드는 편이라 소분해서 냉동해요. 햄버거 패티, 함박스테이크 등 요리 후 남은 다짐육은 1인분씩 소분해 랩으로 감싸 냉동 보관해요.

▶ **베이컨**
베이컨은 냉동해서 그때그때 사용해도 맛이 크게 떨어지지 않기 때문에 대용량으로 구매해 바로 사용하는 것을 제외하고는 냉동 보관해요. 1회분씩(4~6줄) 소분해 종이 포일을 깔고 밀폐 용기나 지퍼백에 넣어 냉동해요.

◗ 스테이크용 고기

안심, 등심, 프렌치렉 등을 주로 구매하는 편이에요. 바로 사용하는 게 아니라면 키친타월이나 종이 포일로 감싸 지퍼백 또는 밀폐 용기에 보관해요. 김치냉장고에 보관하는 게 신선도를 유지하는 데는 가장 좋아요. 굽기 최소 1시간 전에는 꺼내둔 다음 키친타월로 수분을 제거하고 굽는 게 온도 차이를 최소화하면서 고기를 맛있게 구울 수 있어요. 소금, 후추는 굽기 직전에 뿌리거나 20~30분 전에 미리 뿌리는 등 다양한 레시피가 있으니 취향에 따라 선택하세요.

◗ 숙성 후 먹을 때

키친타월로 꾹 눌러 수분을 제거하고 올리브유를 가볍게 발라준 후 로즈메리 등 허브를 넣어 진공 팩에 보관해 먹고 싶은 날 사용하지만 일주일을 넘기지는 않아요. 특히 스테이크용 고기는 냉동 후 사용하면 수분이 손실되어 맛이 현저하게 떨어지기 때문에 최대한 일주일 먹을 만큼만 구매해 냉장 보관합니다. 진공 팩이 없을 때는 밀봉되는 밀폐 용기에 담아 보관해요.

◗ 제육용 고기, 삼겹살, 목살

되도록 당일 구매해 사용하는 편이에요. 저는 손질하지 않고 통째 사는 편이지만 사용 용도에 맞게 손질된 것을 구매하면 편리해요. 사용할 만큼 손질하고 나머지는 종이 포일에 감싸 지퍼백이나 밀폐 용기에 담아 김치냉장고에 보관해요. 제육용 고기는 양념해두면 좀 더 오래 보관할 수 있어요.

닭고기 손질

닭고기는 구매 후 바로 사용하는 게 가장 좋아요. 보관 시에는 구매한 그대로 또는 종이 포일로 감싸 밀폐 용기에 넣어 김치냉장고에 보관한 후 2~3일 이내에 사용해요. 닭고기는 메뉴에 따라 손질을 달리하는데요. 기본적으로 우유에 10~20분 정도 담가 찬물로 깨끗하게 헹구고 잡내를 제거한 후 사용해요. 닭볶음탕, 찜닭 등 국물이 있는 요리를 할 때는 물에 깨끗하게 씻고 월계수 잎 등을 넣은 뜨거운 물에 한번 데쳐 불순물을 제거해야 해요. 튀김을 만들 때는 찬물에 깨끗하게 씻은 다음 키친타월로 물기를 제거하고 소금을 뿌려 준비해요. 튀김이나 오븐 구이 등을 할 때 레몬에 숙성하거나 염수에 염지를 하기도 하는데 식감과 맛이 확연히 달라져요. 닭 요리를 좋아한다면 레몬 숙성과 염수를 활용해 맛있게 만들어보세요.

▶ 레몬 숙성 방법

치킨 샐러드나 치킨 텐더를 만들 때 활용하면 굳이 샐러드에 레몬즙을 뿌릴 필요 없이 상큼한 튀김용 닭이 돼요.

재료
닭 안심 또는 가슴살 400g, 레몬 슬라이스 1개 분량, 소금

❶ 닭 안심 또는 가슴살(가슴살은 반으로 잘라 사용)에 소금을 전체적으로 솔솔 뿌려주세요.

❷ 밀폐 용기에 담고 레몬 슬라이스를 중간중간 넣어 반나절 정도(최소 1~2시간 이상) 숙성해주세요.

▶ 염수 활용 방법

재료
닭 1마리(700g~800g), 물 2L, 소금 30g, 설탕 10g, 레몬 1개, 으깬 마늘 4~5쪽 분량, 홀그레인 머스터드, 월계수 잎 적당량

❶ 닭이 충분히 잠기는 크기의 김치통에 물과 소금, 설탕을 넣고 거품기로 섞어 완전히 녹여요.

❷ 닭과 준비된 재료를 모두 넣어 냉장고에서 하루 염지 후 굽거나 튀기면 속살이 촉촉하고 야들야들한 닭 요리가 완성.

생선 보관하기

주요 구매 품목
고등어, 삼치, 갈치, 연어, 오징어, 문어, 새우 등 갑각류, 조개류

개인적으로는 고기보다 어류를 더 좋아하지만 아내가 생선을 좋아하지 않고 굽거나 튀길 때 나는 냄새와 뒤처리 때문에 자주 먹지는 않아요. 그래도 생선에는 좋은 영양소가 풍부하기 때문에 자주는 아니지만 주기적으로 요리하려고 해요. 우선 어류는 그 주에 사용할 것만 장을 보고 바로 조리하는 편인데 부득이 며칠 후에 요리할 경우 비린내가 냉장고에 퍼지지 않도록 밀폐 용기(냄새가 배지 않는 스테인리스 제품)나 진공 팩 등을 활용해 보관해요.

▶ 생선류
고등어, 삼치, 갈치, 연어 등 생선류는 되도록 다듬어진 생물을 구매해요. 바로 조리하지 않을 경우 깨끗하게 세척해 물기를 제거하고 키친타월로 감싸 랩 또는 진공 팩으로 밀봉해 보관하면 2~3일 정도 신선함을 유지할 수 있어요. 소금을 뿌려 밑간해두면 좋아요.

▶ 오징어
오징어는 내장을 제거하고 몸통과 다리를 분리해 깨끗하게 세척 후 물기를 제거하고 키친타월로 감싸 랩 또는 진공팩으로 밀봉해요. 오징어는 냉동 보관 후에 사용해도 맛 손실이 크지 않아 만약 사용하지 않으면 냉동 보관하기도 합니다.

▶ 새우
새우는 마켓컬리 등에서 3~4회분 사용 가능한 냉동된 제품을 구매하면 편리해요. 생물일 경우 머리와 등 부분 똥을 제거하고 깨끗하게 세척해 몸통과 머리를 분리한 후 수분을 제거하고 지퍼백에 담아 냉장 보관해요. 만약 금방 사용하지 않을 경우 냉동실에 넣어요.

▶ 조개
조개류는 되도록 구매 후 바로 사용하는 것이 가장 좋아요. 구매한 형태 그대로 김치냉장고에서 하루 이상 보관하지 않아요. 만약 바로 사용하지 않을 경우 소금물에 해감하고 깨끗하게 세척한 후 밀봉해 냉동실에 넣어요. 가리비는 손질 후 냉동한 제품을 구매해 사용해요.

그 외 신선 식품 보관하기

달걀은 오픈된 용기에 보관하면 신선도가 금방 떨어지기 때문에 구매한 팩 그대로 냉장고 안쪽에 넣어두거나 밀폐 용기에 보관해요. 한번에 많이 구매할 때는 밀폐 용기에 나누어 담아두어요. 냉장고 도어 쪽에는 되도록 보관하지 않는 편이 좋아요. 진동과 온도 차로 신선도가 떨어질 수 있어요.

두부는 한 번 먹을 만큼 구매하는 편이지만 남을 경우 기능성 밀폐 용기에 물을 담아 보관하고 하루에 한 번씩 물을 갈아줘요.

하드한 치즈류는 한번에 다 사용할 수 없고 개봉 후 공기에 노출되면 풍미가 감소해요. 키친타월로 감싸 밀폐 용기에 보관하거나 소분해 진공 팩으로 포장해두면 나중에 사용하기 편리해요.

두 사람 식탁
레시피

코로나19 이후로 맛집을 다니기 어려워지면서 집밥을 전보다 더 자주하게 되었어요. 그러면서 다양한 레시피 북에서 도움을 받기 시작했지요. 유튜브나 SNS에도 정보가 많지만 저는 책을 보고 이해하는 게 훨씬 쉽고 재미있더라고요. 좀 더 오래 기억에 남는 것 같아요. 그래서 주말마다 시간이 될 때 재미 삼아 레시피 북을 보고는 했어요.

저의 레시피 북 활용법은 다양한데요. 우선 배는 고픈데 딱히 메뉴가 떠오르지 않을 때 책을 보면서 메뉴를 골라요. 아니면 먹고 싶은 메뉴가 있는데 어떤 재료가 필요한지 정확하지 않을 때도 참고하고요. 요리가 익숙하지 않을 때는 이 부분이 가장 저에게 도움이 되었어요. 특히 손님이 오는 날처럼 특수한 경우에는 레시피 북을 보고 홈파티 메뉴 등을 골라 다양하게 활용했어요.

처음에는 똑같이 따라 해보고, 그다음에는 재료를 넣고 빼기도 하면서 저만의 레시피를 완성해갔죠. 맛이 어느 정도 보장된다면 집밥의 가장 큰 장점은 제 마음대로 레시피를 만들 수 있다는 것이에요. 그런데 앞에서도 계속 이야기했듯이, 저의 가장 큰 고민은 **재료나 요리의 낭비가 많다는 점이었어요.** 아무래도 두 사람이다 보니 재료를 다 소진하지 못하거나 만든 요리를 남기는 일이 생겼죠. 그러면서 생긴 습관이 재료를 낭비 없이 사용하도록 먹고 싶은 요리를 만들었다면 남은 재료로 만들 수 있는 다른 레시피를 찾아보는 거였어요. 테트리스처럼 딱 들어맞아 모든 재료를 완벽히 소진한다면 더할 나위 없겠지만 (종종 그런 경우도 있죠) 어쨌든 일주일 메뉴를 미리 짜게 된 것도 최대한 장 본 재료를 낭비 없이 사용하려는 계획을 세우면서 생각하게 되었어요.

이 책의 레시피 파트도 그런 부분을 최대한 고려해 **실제 낭비 없는 일주일 메뉴** 경험을 바탕으로 구성했답니다.

h와i 두 사람 식탁 레시피 가이드

일러두기

❶ 두 사람 식탁의 레시피는 기본적으로 자극적이지 않게 간을 했어요.
다소 싱겁게 느껴진다면 기호에 따라 소금으로 간을 더해주세요.

❷ 계량은 Ts(큰술), ts(작은술)를 사용했고 컵(200ml)은 종이컵 기준으로 사용했어요.

❸ 표고, 송이, 느타리, 양송이 등의 버섯은 가장 잘 어울리는 버섯을 기준으로
레시피에 기록했지만 특정 버섯이 아닐 경우에는 그냥 버섯으로 표시했어요.
장 본 재료 중에 있는 버섯을 사용해도 좋아요.

❹ 육수는 두 사람 식탁 기본 육수를 사용했어요(76페이지 참고). 감칠맛에 차이가 있어서
되도록 육수를 사용하면 좋지만 육수가 없을 때는 물로 대신해요.

❺ 간장은 양조간장 기준이에요. 두 사람 식탁 맛간장(77페이지 참고)을 사용할 경우
별도로 표시했어요. 두 사람 식탁 맛간장은 양조간장 짠맛과 비슷하려면 1.5~2배 더 넣으면 돼요.
맛간장 경우도 감칠맛에 차이가 있어서 볶음 요리에는 가능하면 맛간장을 사용하는 편이에요.

❻ 재료를 남기지 않는 방법 중 하나로 비슷한 재료가 들어가는 메뉴를 만드는데요.
본 레시피에 나오는 재료를 중복 활용할 수 있는 연결 메뉴를 적어두었어요.
연결 메뉴 레시피는 책에 나온 것도 있지만 없는 것들은 제가 했던 메뉴들 기준으로 적었어요.

❼ 레시피에서 있으면 좋지만 없어도 크게 문제되지 않는 재료는 별도로 언급했어요.

❽ 부재료에 표시된 재료들은 기호에 따라 넣어주세요. 넣지 않아도 되지만 넣으면
좋아하는 맛으로 응용할 수 있는 재료들이에요.

레시피 파트 보는 법

> 재료는 주재료와 양념, 마무리 재료를 나누어 표기했어요.

> 음식은 모두 2인분! 2인분이 아닌 것은 표기해두었어요.

오징어덮밥

오징어의 탱글한 식감을 좋아해 오징어가 들어간 음식을 즐겨 먹는 편이에요. 오징어는 다양한 메뉴로 활용하기 때문에 해산물 중에서도 특히 좋아하고요. 제육볶음용 돼지고기가 있다면 반반씩 섞어 오삼불고기로 만들어도 맛있어요.

재료
오징어 1마리, 밥 2공기,
양파 ½개, 대파 ½대,
매운 고추 1개, 채 썬 버섯 ½컵,
당근 2cm 1개

부재료 (기호에 따라 추가)
양배추, 돼지고기, 콩나물, 호박

양념
고추장 ½Ts, 고춧가루 2Ts,
다진 마늘 ½Ts, 맛간장 3Ts,
굴소스 ½Ts, 육수 또는 물 3Ts,
미림 2Ts, 올리고당 ½Ts, 후춧가루

마무리
참기름, 참깨

❶ 양념 재료는 미리 섞어두세요.

❷ 오징어는 한입 크기로 자르고 채소는 채 썰어주세요.

❸ 팬에 기름을 두르고 재료와 양념을 넣고 재빠르게 볶아주세요. 오징어가 너무 죽지 않게 빨리 볶아주세요.
(부재료 중 추가할 수 있는 재료가 있다면 이때 소량 넣어주세요.)

> 부재료에 표기된 재료는 기호에 따라 넣지 않아도 돼요.

❹ 마무리로 참기름, 참깨를 뿌리고 밥에 곁들여주세요.

> 팁 부분에는 제가 직접 겪으면서 깨달은 꿀팁 정보들이 가득해요.

TIP
① 오징어는 너무 오래 볶으면 질겨지기 때문에 살짝 익을 정도로 재빠르게 볶고, 불을 끈 다음 밥에 올리기 전까지 팬의 잔열로 속까지 익도록 두세요.
② 기호에 따라, 남은 재료에 따라 부재료를 넣어 조리해도 좋아요.

연결 메뉴
오징어무침, 해물파전,
오징어튀김, 짬뽕

> 이 레시피의 재료를 활용할 수 있는 연결 메뉴를 적어두었어요.

간단하게
맛있는 저녁 메뉴

직장이 집에서 그리 멀지 않아 퇴근 후에는 평일에도 종종 저녁을 만들어 먹어요. 대신 빨리 만들 수 있는 메뉴로! 30~40분 안에 해결할 수 있는 요리를 하거나 주말에 준비해둔 재료들을 활용해 간단하게 만들어요. 저희는 주중에 평균 2~3회 정도는 저녁을 만들어 먹는답니다. 주말 요리로만 장을 보기에는 아무래도 재료를 다 소진하기가 어렵더라고요. 그래서 주말 요리 후 남은 재료들을 주로 활용해 남김 없는 식탁을 차리는 편이에요.

솥밥

전기밥솥을 사용하기도 하지만 밥은 주로 솥밥을 하는 편이에요. 둘이 한 번 먹는 양으로 만들기도 좋고 전기밥솥보다 맛있어요! 가장 좋은 건 빨리 할 수 있다는 거죠. 처음에는 불 조절과 물 조절이 까다로울 수 있는데, 2인분 적당량을 파악하고 나면 그다음부터는 쉽고 빠르지만 엄청 맛있는 밥을 할 수 있답니다. 남은 식재료를 활용해 위에 올려주면 다양한 맛의 솥밥으로 응용할 수 있어요. 냄비는 르크루제나 스타우브 같은 주물 냄비를 주로 사용해요.

재료
쌀 1½컵, 물 1½컵,
다시마 5×5cm 1개(없어도 돼요),
참기름 혹은 들기름 약간

기본 솥밥

❶ 쌀을 깨끗하게 씻어 솥에 담고 쌀과 동일한 분량의 물을 부어요 (물이 쌀 위로 약 1cm 올라오면 적당해요). 이때 다시마, 참기름 또는 들기름을 추가하면 밥에 윤기가 나고 맛도 좋아요.

❷ 불꽃이 냄비 아래 면을 넘지 않는 불로 6분간, 약한 불로 6분간 익히고 불을 끄고 6~7분 정도 뜸을 들이면 맛있는 솥밥 완성이에요.

① 쌀을 10~20분 정도 불려 사용해도 좋아요.
② 좋아하는 재료 또는 남는 재료를 활용해 나만의 솥밥을 만들어보세요.
③ 부재료 종류에 따라 처음부터 쌀과 함께 넣으면 향과 맛이 밥에 스며들면서 부드러운 식감의 솥밥이 만들어져요.
④ 볶거나 구운 부재료는 불을 끄고 뜸들이기 전후에 올려주면 재료 식감이 살아 있는 솥밥이 완성돼요.
⑤ 냄비의 종류나 화력이 다르니 밥 상태를 체크하며 끓이는 시간을 1~2분 정도 조정하세요.

김치솥밥

재료
쌀 1½컵, 김치 ½컵, 호박 3cm 1토막, 달걀 1개, 연두 2Ts, 들기름(볶음용), 참깨

❶ 김치는 잘게 썰어 솥에 넣고 연두, 들기름에 볶아요.

❷ ①에 쌀과 물을 넣고 섞은 다음 기본 솥밥 레시피대로 밥을 지어주세요.

❸ 들기름에 잘게 깍둑썰기한 호박을 살짝 볶아주세요.

❹ 밥이 완성되면 호박과 반숙한 달걀프라이, 참깨를 올려주세요.

> **TIP**
> 무와 양배추가 둘 다 있으면 같이 넣어도 되고 한 가지 재료만 사용해도 돼요.

무양배추솥밥

재료 쌀 1½컵, 무 1.5cm 1토막, 양배추 1줌, 들기름(볶음용)
양념장 맛간장 4Ts **77페이지 참고**, 송송 썬 쪽파 1Ts, 참깨 1ts, 참기름 1Ts

❶ 솥에 무와 양배추를 잘게 채 썰어 넣고 들기름에 볶아주세요.

❷ ①에 쌀과 물을 넣고 섞어준 다음 기본 솥밥 레시피대로 밥을 지어요.

❸ 맛간장과 쪽파, 참깨, 참기름을 고루 섞어 만든 양념장에 비벼 먹어요.

버섯솥밥

재료
쌀 1½컵, 표고버섯 1개, 느타리버섯 ½줌, 올리브유,
맛간장 2Ts, 후춧가루, 참기름, 참깨, 송송 썬 쪽파

① 표고버섯과 느타리버섯은 채 썰어 올리브유에
    볶다가 맛간장과 후춧가루를 넣어요.

② 기본 솥밥 레시피대로 밥을 지어요.

③ 뜸을 들일 때 뚜껑을 열고 ①을 올려주세요.

④ 참기름과 참깨, 쪽파를 뿌려주세요.

① 반찬과 함께 먹는 편이라 간이 심심할 수
   있어요. 취향에 따라 맛간장을 추가해 드세요.
② 버섯이 많이 남았다면 레시피보다 버섯을 2배
   정도 더 넣어도 좋아요.

고등어솥밥

재료 쌀 1½컵, 고등어 ½토막, 올리브유, 다진 마늘 ½Ts,
간장 1Ts, 송송 썬 쪽파 ½컵, 페페론치노

① 고등어는 올리브유에 노릇하게 구워주세요.

② 기본 솥밥 레시피대로 밥을 지어요.

③ 뜸을 들일 때 구운 고등어를 올려주세요.

④ 다진 마늘과 간장, 쪽파, 올리브유,
    페페론치노를 살짝 뿌려주세요.

① 매콤함을 더하기 위해 페페론치노 대신
   매운 고추 1개를 채 썰어 넣기도 해요.
② 로즈메리, 딜 등 허브가 있다면 고등어
   구울 때 넣어 비린내를 제거하고 향이
   배도록 활용해보세요.

짬뽕밥

짬뽕이란 자고로 동네 중국요리 맛집에서 배달해 먹는 게 정답이겠지만, 저는 해산물이 남았을 때 종종 얼큰하게 짬뽕 국물을 만들어 먹어요. 해산물은 되도록 신선할 때 빨리 먹는 게 가장 맛있기 때문에 오징어나 조개 등이 있다면 한번 만들어보세요. 의외로 간단하고 남은 채소를 활용하기에도 좋아요.

재료
오징어 1마리, 밥 2공기,
대파 ½대, 양파 ½개, 버섯 2~3개,
매운 고추 1개, 육수 900ml,
소금·후춧가루 약간씩

부재료 (기호에 따라 추가)
양배추, 알배추, 당근, 호박,
돼지고기, 조개 등

양념
고춧가루 2Ts, 고추기름 1Ts,
국간장 2Ts, 참치액 1Ts,
굴소스 ½Ts, 연두 1Ts,
다진 마늘 1Ts,
소금·후춧가루 약간씩

재료 손질하기

❶ 고춧가루와 고추기름을 제외하고 양념 재료를 고루 섞어주세요.

❷ 오징어는 칼집을 내 한입 크기로 잘라주세요.

❸ 채소는 채 썰어주세요.

짬뽕 끓이기

❹ 파채를 제외하고 고춧가루, 채소, 오징어를 버무려주세요.
(부재료 중 추가할 수 있는 재료가 있다면 이때 소량 넣어주세요)

❺ 뜨겁게 달군 웍에 식용유를 넉넉히 두르고 ❹를 넣어 1~2분 정도 볶다 ❶을 넣고 볶아주세요.

❻ 육수를 부어 끓이다가 소금으로 간을 맞추고 후춧가루를 뿌려주세요.

❼ 고추기름을 살짝 뿌리고 그릇에 담아 파채를 올리고 밥과 함께 차려요.

 TIP

① 웍에 살짝 연기가 날 정도로 뜨겁게 달군 상태에서 볶다가 토치로 그을려 불맛을 살려도 좋아요.

② 오징어를 활용할 만한 메뉴는 많으니 가격이 괜찮다면 2마리 이상 구매해도 좋아요.

연결 메뉴
오징어덮밥, 오징어무침,
통오징어구이,
토마토파스타에
해산물 활용 가능

무조림

식재료 중 가성비가 좋을 뿐만 아니라 조리만 잘하면 메인 음식 못지않은 것 중에 하나가 무이지요. 흔히 김치나 고등어조림을 할 때 부재료로만 생각했던 무를 두 사람 식탁 육수와 간장을 활용해 조리면 맛있는 메인 반찬이 돼요. 아, 술안주로도 무척 괜찮은 요리랍니다. 물론 생선이 있다면 추가해서 다양한 생선조림으로도 변신이 가능해요.

재료
무 ½개, 육수 2컵,
매운 고추 1~2개, 대파 ½대,
양파 ¼개

양념
간장 3Ts, 미림 2Ts, 연두 1Ts,
참치액 1Ts, 물엿 1Ts,
다진 마늘 ½Ts, 참기름, 후춧가루

마무리
쪽파, 깨, 고추기름 1Ts

❶ 무는 2cm 정도 두께의 반원으로 잘라 깊이가 있는 냄비에 담아주세요.

❷ 고추, 대파, 양파는 채썰어 준비해주세요

❸ 재료와 양념을 모두 넣고 끓기 시작하면 중불로 줄여 20분 정도 졸여주세요.

❹ 접시에 담고 쪽파와 깨, 고추기름을 솔솔 뿌려 마무리해요.

TIP

① 노두유를 ½Ts 정도 넣으면 색깔이 진해지고 먹음직스러워요. 노두유는 볶음 요리를 할 때 활용하면 좋아요.

② 고춧가루를 ½Ts 추가하면 좀 더 매콤하게 즐길 수 있어요.

③ 깊이가 있는 냄비에 끓여 무가 육수와 양념에 충분히 잠겨야 양념도 잘 배고 빨리 조리할 수 있어요.

④ 생고등어, 삼치, 갈치 등을 추가해 생선조림으로도 활용 가능해요. 생선을 넣을 때는 간장이나 소금을 추가해 간을 맞춰주세요.

⑤ 남은 무는 반찬을 만들거나 찌개, 국 요리에 활용해요. 국물에 넣으면 시원한 맛을 낼 수 있어요.

연결 메뉴
무생채, 무피클, 된장찌개

오징어덮밥

오징어의 탱글한 식감을 좋아해 오징어가 들어간 음식을 즐겨 먹는 편이에요. 오징어는 다양한 메뉴로 활용하기 때문에 해산물 중에서도 특히 좋아하고요. 제육볶음용 돼지고기가 있다면 반반씩 섞어 오삼불고기로 만들어도 맛있어요.

재료
오징어 1마리, 밥 2공기,
양파 ½개, 대파 ½대,
매운 고추 1개, 채 썬 버섯 ½컵,
당근 2cm 1개

부재료 (기호에 따라 추가)
양배추, 돼지고기, 콩나물, 호박

양념
고추장 ½Ts, 고춧가루 2Ts,
다진 마늘 ½Ts, 맛간장 3Ts,
굴소스 ½Ts, 육수 또는 물 3Ts,
미림 2Ts, 올리고당 ½Ts, 후춧가루

마무리
참기름, 참깨

1. 양념 재료는 미리 섞어두세요.
2. 오징어는 한입 크기로 자르고 채소는 채 썰어주세요.
3. 팬에 식용유를 두르고 오징어와 양념을 넣고 재빠르게 볶다가 채소를 넣고 식감이 너무 죽지 않게 빨리 볶아주세요.
   (부재료 중 추가할 수 있는 재료가 있다면 이때 소량 넣어주세요)
4. 마무리로 참기름, 참깨를 뿌리고 밥에 곁들여주세요.

TIP
① 오징어는 너무 오래 볶으면 질겨지기 때문에 살짝 익을 정도로 재빠르게 볶고, 불을 끈 다음 밥에 올리기 전까지 팬의 잔열로 속까지 익도록 두세요.
② 기호에 따라, 남은 재료에 따라 부재료를 넣어 조리해도 좋아요.

연결 메뉴
오징어무침, 해물파전,
오징어튀김, 짬뽕

제육덮밥

고기는 그때그때 필요한 만큼만 집 앞 단골 정육점에서 구매하는 편이에요. 목전지나 앞다리살을 주로 사는데 그램으로 주문하면 나중에 둘이서 어느 정도 먹는지 양을 체크하기 쉬워요. 저는 보통 600g(1근)을 구매해서 양념에 모두 재워두고 먹고 싶을 때마다 요리해요. 혹은 반은 제육, 반은 돼지불백으로 만들기도 하고요. 양념은 오징어덮밥과 동일해요. 매콤한 볶음 요리에는 모두 활용이 가능하니 넉넉하게 만들어 일주일 정도 사용해도 좋아요.

재료
돼지고기 300g, 양파 ½개, 대파 ½대, 매운 고추 1개, 호박 3cm 1개, 채 썬 버섯 ½컵, 양배추, 당근 2cm 1개

양념
고추장 ½Ts, 고춧가루 2Ts, 다진 마늘 ½Ts, 맛간장 3Ts, 굴소스 ½Ts, 육수 또는 물 3Ts, 미림 2Ts, 올리고당 ½Ts, 후춧가루

마무리
참기름, 참깨, 쪽파

제육 볶기

① 양념 재료를 모두 섞어주세요.

② 고기는 한입 크기, 채소는 모두 채 썰어 준비해주세요.

③ 팬에 식용유를 두르고 고기와 양념을 넣고 2~3분 정도 볶다가 채소를 넣고 센 불에서 재빠르게 볶아주세요.

차리기

④ 접시에 담고 참기름, 참깨, 쪽파를 뿌려주세요.

⑤ 밥을 함께 곁들여주세요.

TIP

① 돼지고기를 양념에 미리 재워두면 양념이 깊게 배어들고 고기도 좀 더 연해져 좋아요.

② 채소는 기호에 따라 빼거나 추가하세요.

연결 메뉴
돼지불백, 김치찌개, 두부김치

간단 닭계장

닭계장이나 육개장 같은 요리는 오래 조리해야 본연의 맛이 나오지요. 그런데 쉽고 간단한
버전으로도 손색없는 맛을 낼 수 있답니다. 이 레시피는 종종 배달해 먹는 치킨이
3분의 1 정도씩 남아 남은 치킨을 활용할 방법을 생각하다 만들게 되었어요. 치킨이 남으면 살만
발라내 냉장 보관해두었다 다음 날 마늘, 파, 고춧가루 등과
매콤하게 볶아서 육수를 부어 끓이면 맛있는 닭계장이 완성돼요.

재료
닭 200g, 육수 또는 물 800ml,
대파 ⅓대, 양파 ½개,
표고버섯 2개, 매운 고추 1개

양념
치킨스톡 1Ts, 국간장 1Ts,
참치액 1Ts, 고춧가루 1½Ts,
다진 마늘 1Ts, 소금 2꼬집,
후춧가루

마무리
고추기름, 참깨

준비하기

❶ 닭은 뜨거운 물에 살짝 데친 다음 잘게 찢어
준비해주세요. (뼈가 있는 부위는 뼈까지 넣어주세요)

❷ 채소는 채 썰어 준비하고 양념은 모두 섞어주세요.

❸ ①과 파채를 제외한 ②를 고루 섞은 후 달군 팬에
식용유를 두르고 볶아주세요.

닭계장 끓이기

❹ 육수를 넣고 팔팔 끓인 다음 그릇에 담아 고추기름을
뿌려주세요.

❺ 파채, 참깨를 고명으로 얹어 마무리해요.

연결 메뉴
닭꼬치, 닭가슴살 샐러드,
유린기

TIP
① 닭은 우유에 10분 정도 담가둔 후 찬물에 헹구면 잡내가 사라져요.

돼지불백

고기는 메뉴에 맞게 잘라 구매하기도 하지만 보통 자르지 않고 700~800g 정도
좋아하는 부위를 통으로 구매할 때도 있어요. 돼지불백이나 제육볶음을 할 때는 얇게 잘라
사용하고, 김치찌개 등에는 한입 크기로 잘라 넣고, 수육을 할 때는 통으로 사용해요.
다양하게 소분해서 사용하면 재미도 있고 고기가 남을 걱정도 없답니다.

재료
돼지고기(주로 앞다리살) 300g,
양파 ½개, 대파 ½대

양념
맛간장 4Ts, 미림 2Ts,
흑설탕 ½Ts, 꿀 1Ts,
다진 마늘 1Ts, 생강, 후춧가루

마무리
참기름, 참깨, 쪽파

준비하기

❶ 양념을 모두 혼합해주세요.

❷ 양파는 잘게 썰고, 대파는 송송 썰어주세요.

❸ 고기에 ①과 ②를 넣고 재워두세요.

고기 굽기

❹ 달군 팬에 식용유를 살짝 두르고 고기를 구워주세요.

❺ 참기름과 참깨, 쪽파를 뿌려주세요.

TIP

① 고기는 하루 전이나 최소 1시간 정도 양념에 재워두면 좋아요.
② 생강은 분말로 된 제품이 편리하고 오래 사용할 수 있어요.
③ 돼지고기 대신 소고기로 재워 구우면 바싹불고기가 돼요.
④ 대파 대신 쪽파를 사용해도 좋아요.
⑤ 팬에 볶을 때 토치를 이용해 불맛을 내면 더 맛있어요.

연결 메뉴
제육덮밥, 바싹불고기

얼큰국밥

좋아하는 레시피 북 중 <모두의 솥밥>이라는 책이 있는데요. 여기에 나온
국밥 레시피를 만들어보고 정말 무릎을 탁 쳤답니다. 고기 국물이 아니어도 이렇게 감칠맛이 나고
맛있을 수 있구나 하고 말이죠. 담백하게 따끈한 국물 요리 한 그릇 먹고 싶을 때
만들어 먹는데 가끔은 남은 고기를 활용하기도 해요.
자주 만들면서 조금씩 저만의 스타일로 레시피를 바꿔봤어요.

재료
밥 2공기, 육수 800ml,
무 3~4cm 1토막, 대파 ½대,
양파 ¼개, 표고버섯 1~2개,
느타리버섯 약간, 들기름(볶음용)

양념
국간장 2Ts, 고춧가루 1Ts,
다진 마늘 ½Ts, 참치액 1Ts,
연두 1Ts, 소금 1꼬집, 후춧가루

❶ 무는 한입 크기로 얇게 자르고 나머지 채소는 채 썰어주세요.

❷ 무를 제외한 채소와 양념을 섞어주세요.

❸ 냄비에 들기름을 두르고 무를 넣어 약간 수분이 나올 정도로 볶아준 후 ②를 넣어주세요.

❹ 육수를 넣고 팔팔 끓여주세요.

❺ 그릇에 밥을 담고 건더기를 올린 후 국물을 부어주세요.

TIP

① 매운맛을 좋아하면 매운 고추 1개를 채 썰어 추가해도 좋아요.
② 알배추를 넣어도 시원하고 맛있어요.
③ 국과 밥을 따로 준비해도 좋아요.

연결 메뉴
무조림, 무생채, 어묵탕

된장밥

고깃집에 가면 배불리 고기를 먹고 나서 꼭 냉면이나 찌개에 밥을 먹고는 해요. 어느 식당에선가 된장밥을 시켰는데 그게 그렇게 맛있더라고요. 그 후로 입맛이 없을 때 만들어 먹고는 하는데 된장의 힘인지 몰라도 없던 입맛이 돌아와요! 냉장고에 소고기가 있다면 잘게 잘라 추가해도 좋아요. 특히 차돌박이를 넣으면 더욱 맛있어요.

재료
밥 1½공기, 양파 ¼개, 대파 ½대,
표고버섯 1개, 매운 고추 1개,
감자 1개, 호박 2cm 1개,
두부 ¼모, 육수 800ml

부재료 (기호에 따라 추가)
소고기, 무

양념
된장 2Ts, 참치액 1Ts,
고춧가루 ½Ts, 다진 마늘 ½Ts

❶ 채소와 두부는 작게 깍둑썰기를 해주세요.

❷ 육수에 양념을 풀어 끓여주세요.
(부재료가 있다면 이때 소량 추가해주세요)

❸ 채소와 두부, 밥을 넣고 2분 정도 더 끓여주세요.

TIP
① 고슬고슬하게 지은 밥이 너무 퍼지지 않고 좋아요.
 (찬밥이 있다면 그대로 넣어도 좋아요)
② 채소는 취향대로 가감해주세요.
③ 사용하고 남은 채소는 간단한 채소전으로 활용해요.

연결 메뉴
두부김치, 두부데리야끼

순두부찌개

사실 저보다는 아내가 더 많이 만드는 메뉴예요. 종종 퇴근 시간이 늦어질 때 아내가 전화로 뭐 먹고 싶은지 물어보기도 하는데, 저는 아무거나라고 대답합니다. 그럼 어김없이 순두부찌개가 준비되어 있어요. 아내는 순두부찌개가 굉장히 쉽고 간단한 메뉴 중 하나인가봐요. 절대 아니라고 하지만 가끔은 시판 순두부 양념을 사용하는 것 같기도 해요.

재료
순두부 1개, 호박 3cm 1토막, 양파 ¼개, 대파 ½대, 달걀 1개, 육수 또는 물 300ml

양념
국간장 2Ts, 미림 1Ts, 연두 1Ts, 참치액 1Ts, 고춧가루 2Ts, 고추기름 1Ts, 다진 마늘 ½Ts, 소금 1꼬집, 후춧가루

마무리
참기름

❶ 채소는 작게 깍둑썰기를 해주세요.

❷ 양념 재료를 고루 섞은 후 ①과 버무려주세요.

❸ 냄비에 식용유를 두르고 ②를 넣고 볶다가 육수를 넣어주세요.

❹ 끓기 시작하면 순두부를 반으로 잘라 넣고 달걀을 살포시 올려준 다음 달걀이 살짝 익으면 불을 끄고 참기름을 뿌려주세요.

① 소고기, 조개, 김치 등 재료를 바꾸면 다양한 맛의 순두부찌개를 만들 수 있어요.
② 급할 때는 시판 순두부 양념을 넣어도 맛있어요.
③ 무양배추솥밥 118페이지 양념장을 순두부에 뿌려 먹어도 맛있어요.

고추장찌개

둘이 함께하면서 몰랐던 음식을 알게 되는 경우도 있는데, 고추장찌개는 아내가 좋아하는
음식이라고 저에게 알려줬어요. 아내는 떡볶이를 좋아해서 그런지 뭔가 떡볶이 맛이 나는 음식은
다 좋아하는 것 같아요. 고추장찌개는 밥과도 무척
잘 어울리지만 좀 칼칼하게 준비하면 홈술 찌개 안주로도 제격이에요.

재료
감자 1개, 양파 ¼개, 대파 ½대,
버섯 약간, 호박 3cm 1토막,
매운 고추 1개, 스팸 100g,
육수 500ml

양념
고추장 1Ts, 고춧가루 1Ts,
된장 ½Ts, 국간장 1Ts,
참치액 1Ts, 다진 마늘 ½Ts,
설탕 1ts, 소금·후춧가루 약간씩

❶ 채소와 스팸은 작게 깍둑썰기를 해주세요.

❷ 육수에 양념 재료를 모두 넣고 고루 섞어주세요.

❸ 냄비에 감자를 넣고 ②를 부어 끓여주세요.

❹ 끓기 시작하면 채소와 스팸을 넣고 푹 끓여주세요.

TIP

① 얇게 썬 가래떡이 있다면 추가해보세요. 매콤하게 먹는 떡국 같은 맛이
매력적이에요.

② 양배추, 어묵 등이 있으면 추가해도 좋아요.

연결 메뉴
된장찌개

돌솥비빔밥

돌솥비빔밥이나 비빔밥에는 채소가 다양하게 들어가지요. 그러니 장 본 직후 채소를 다듬으며 만들거나 냉장고에 남아 있는 채소들을 끌어모아 냉털 요리를 할 때 만드는 메뉴예요. 어떤 채소가 꼭 있어야 한다기보다는 좋아하는 채소를 이것저것 넣고 만들면 좋아요. 채소를 색깔별로 준비한다면 예쁜 건 덤이에요.

재료
밥 2공기, 오이 5cm 1토막, 양파 ¼개, 표고버섯 2개, 콩나물 1줌, 소고기 100g, 무생채 ½컵, 달걀 1개, 간장, 소금

양념장
고추장 1½Ts, 간장 1Ts, 참기름 1Ts, 꿀 ½Ts, 참깨

재료 손질하기

❶ 오이는 씨를 제거하고 얇게 채 썰어 소금에 살짝 절여주세요.

❷ 양파와 버섯은 얇게 채 썰어 식용유에 살짝 볶아주세요.

❸ 콩나물은 머리와 꼬리를 제거해 몸통만 뜨거운 물에 살짝 데쳐주세요.

❹ 얇게 채 썬 소고기는 간장에 살짝 볶아 준비해주세요.

❺ 무생채도 준비해주세요. 무를 그냥 들기름에 살짝 볶아 준비해도 돼요. 무생채는 269페이지 참고

플레이팅하기

❻ 냄비에 식용유를 살짝 바르고 밥을 넣어 ❶~❺를 가지런히 올린 다음 2~3분 정도 데워주세요.

❼ 반숙 달걀프라이를 올려주세요.

❽ 고루 섞은 양념장을 입맛에 맞게 조금씩 넣어가며 비벼주세요.

TIP

① 솥밥을 한 다음 재료를 바로 올려 바닥에 살짝 누룽지가 생길 때까지 끓이는 방법도 있어요.

② 소고기가 없다면 버섯을 더 많이 넣거나 함박스테이크나 떡갈비를 활용해도 좋아요.

연결 메뉴
남은 채소는 국과 반찬으로 활용, 남은 고기는 장조림 또는 찌개에 활용

두 사람의 근사한
홈술 메뉴

hord

둘이 함께하면서 가장 자주 만들어 먹는 요리는 바로 홈술
메뉴 아닐까 생각해요. 특히 금요일 퇴근 후 편안한 마음으로
즐기는 홈술 메뉴는 그 어느 때보다도 맛있지요.
한두 가지 요리로 식사도 대신할 수 있어서 좋고요.
손님을 초대했을 때는 홈파티 메뉴로도 손색이 없어요.
두 사람이 애정하는 홈술 메뉴를 공개합니다.

두부데리야끼

두부는 언제 어디서나 쉽게 구할 수 있고 영양가도 풍부하죠. 두부데리야끼는 홈술 단골 메뉴인데, 연애할 때 종종 가던 상수동 골목 심야 식당 메뉴로 처음 접했어요. 식감과 맛이 너무 좋아서 두 사람 입맛에 맞게 변형해본 요리예요. 쫄깃한 전분에 식감이 부드러운 두부가 만나 먹는 재미와 함께 포만감도 있어 식사 대신으로도 좋아요.

재료
두부 1모, 양파 ¼개, 대파 ½대, 매운 고추 1개, 버섯 2~3개, 파프리카 ½개 또는 당근 약간, 전분 3Ts

양념장
맛간장 3Ts, 굴소스 ½Ts, 연두 1Ts, 올리고당 1Ts, 참기름 ½Ts, 다진 마늘 ½ts, 생강 약간, 육수 5Ts

마무리
참기름, 참깨

준비하기

❶ 두부는 키친타월로 꾹 눌러 수분을 제거한 다음 한입 크기로 깍둑썰기하고 전분을 골고루 묻혀주세요.

❷ 채소는 채 썰어 준비하고 양념장 재료는 모두 섞어주세요.

조리하기

❸ 팬에 식용유를 충분히 두르고 두부를 돌려가며 노릇하게 구워주세요.

❹ 팬에서 두부를 건져내고 채소를 넣어 센 불로 볶아주세요.

❺ 두부와 양념장을 넣고 두부 표면에 양념장이 잘 배어들도록 볶아준 후 참기름과 참깨를 뿌려주세요.

TIP

① 두부는 부침용 두부를 사용하고 전분을 묻힐 때는 비닐봉지에 담아 전분을 넣고 살살 돌려가며 버무리면 편해요.
② 생강은 분말 형태 제품을 사용하면 편리해요.

연결 메뉴
두부김치, 두부감자고로케

가지베이컨치즈말이

가장 좋아하는 식재료 하나를 고르라면 저는 가지를 꼽겠어요. 저렴한 가격에 다양하게 활용할 수 있고 메인 요리로도 손색없는 재료라 두 사람 식탁에서는 정말 다양한 가지 요리를 만들어 먹는답니다. 가지를 먹고 싶은데 묶음으로 팔고 있다고 해도 두려워하지 마세요. 일주일에 최소 5개는 사용할 수 있답니다.

재료
가지 2개, 베이컨 5줄,
모차렐라 치즈 또는
콜비잭 치즈 ½컵, 올리브유(구이용)

양념
올리브유, 소금, 후춧가루

❶ 가지를 길쭉하게 5~6등분해주세요.

❷ 올리브유를 팬에 두르고 가지와 베이컨을 살짝 구워주세요.

❸ 가지에 넣을 만큼 치즈를 얇게 썰어주세요.

❹ 가지, 베이컨, 치즈 순으로 올리고 돌돌 말아 소금, 후춧가루, 올리브유를 살짝 뿌려주세요.

❺ 200도로 예열한 오븐에 7분 정도 구워주세요.

TIP

① 토마토살사, 토마토 소스와 곁들이면 좋아요. 샐러드 채소 또는 루꼴라를 추가하면 맛이 풍부해요.
토마토살사 192페이지 참고, 토마토소스 197페이지 참고,

② 카옌페퍼 또는 훈연 파프리카 가루를 뿌리면 매콤하고 맛있어요.

연결 메뉴
매운 가지볶음, 가지덮밥,
가지라자냐, 가지솥밥,
가지파스타, 가지피자

구운 우엉 아게다시도후

아게다시도후는 일본식 두부튀김 요리로 이자카야에 가면 보통 나오는 안주 메뉴예요. 튀긴 두부 위에 소스를 얹고 간 무나 가다랑어포를 올려주는데, 저는 가다랑어포 올린 걸 좋아해요. 그런데 아내가 가다랑어포를 별로 안 좋아해서 우엉을 슬라이스해 구운 다음 올렸어요. 비주얼은 비슷한데 바삭하고 구수한 우엉과 부드러운 두부가 만나 아주 재미있고 맛있는 요리가 되었어요.

재료
연두부 또는 찌개용 두부 1모, 손질한 우엉 1줌, 전분, 올리브유(구이용)

양념장
육수 1컵, 맛간장 2Ts, 참치액 1Ts, 올리고당 1Ts

마무리
쪽파, 후춧가루

❶ 냄비에 양념장 재료를 모두 넣고 끓으면 불을 끄고 살짝 식혀주세요.

❷ 우엉을 얇게 슬라이스해 올리브유를 뿌리고 180도로 예열된 오븐에 6~8분 정도 노릇하게 구워요.

❸ 두부는 반으로 잘라 전분을 골고루 묻혀 튀겨요.

❹ 튀긴 두부에 양념장을 부은 다음 구운 우엉과 쪽파, 후춧가루를 뿌려주세요.

TIP
① 고추기름을 살짝 추가해도 맛있고 두부 대신 가지로 만들어도 좋아요.
② 우엉은 뿌리째 구입해 메뉴에 맞게 손질해서 다양하게 활용해요.
　우엉 보관법 90페이지 참고
③ 오븐이나 에어프라이어에 180도에서 6~8분 정도 굽는데 가정마다 사양이 다르기 때문에 확인하면서 바삭한 느낌으로 노릇노릇 구워주세요.

연결 메뉴
우엉잡채, 우엉조림

매운 가지볶음

저는 중국요리는 식당에 가서 먹는 걸 더 좋아해요. 눅눅해진 탕수육을 먹은 슬픈 기억이 있어서 배달은 거의 안 하는 편이에요. 중국요리가 집에서 하기 다소 어렵게 느껴질 수 있지만 몇 가지 팁만 익히면 아주 맛있게 만들 수 있답니다.

재료
가지 2개, 돼지고기 100g,
대파 ½대, 양파 ¼개,
매운 고추 1개, 전분가루 ½컵,
육수 ½컵, 전분물 약간

양념장
두반장 1Ts, 굴소스 ½Ts,
간장 1Ts, 미림 2Ts,
올리고당 1Ts, 후춧가루

마무리
참깨, 쪽파, 참기름

재료 준비하기
① 가지는 한입 크기로 잘라 전분가루를 묻혀주세요.
② 돼지고기는 5cm 길이로 얇게 채 썰어주세요.
③ 양념장 재료는 고루 섞어주세요.

재료 볶기
④ 웍에 식용유를 충분히 두르고 가지를 튀기듯이 볶아주세요.
⑤ 가지를 건져내고 송송 썬 대파와 돼지고기를 넣고 볶아주세요.
⑥ 채 썬 양파와 매운 고추를 넣고 볶아주세요.

마무리
⑦ 볶은 가지와 양념장을 넣고 볶다가 육수, 전분물로 농도를 맞추어주세요.
⑧ 참깨, 쪽파, 참기름을 뿌려주세요.

TIP
① 연두부를 한입 크기로 잘라 마지막에 올려주고 가지와 같이 먹어도 맛있어요.

연결 메뉴
가지라자냐,
가지베이컨치즈말이

육전과 꽈리고추찜

부드럽고 육향 가득한 육전에 꽈리고추 하나 싸서 먹으면 궁합이 최고예요.
육전용 소고기를 약 600g 구매해 3분의 1 정도 사용하고 나머지는 샤부샤부나
바싹불고기로도 만든답니다.

육전 재료
육전용 소고기 200g, 달걀 2개,
간장 1Ts, 미림 1Ts, 전분 3Ts,
후춧가루

꽈리고추찜 재료
꽈리고추 15~20개,
밀가루(중력분) 2Ts, 소금 1꼬집,
후춧가루

양념장
간장 4Ts, 송송 썬 대파 또는
쪽파 1Ts, 다진 마늘 ½Ts,
고춧가루 약간

육전

① 소고기는 전분을 골고루 묻혀주세요.

② 달걀, 간장, 미림, 후춧가루를 고루 섞은 후 ①을 넣어주세요.

③ 팬에 식용유를 두르고 노릇하게 구워주세요.

꽈리고추찜

④ 꽈리고추는 물로 깨끗이 씻고 밀가루, 소금, 후춧가루에 버무려주세요.

⑤ 물이 끓어오르는 찜통에 5분 정도 찐 다음 그릇에 담고 고루 섞은 양념장을 부어주세요.

TIP

① 꽈리고추찜에 밀가루 대신 보릿가루, 찹쌀가루 등을 사용해도 좋아요.
② 꽈리고추는 너무 오래 찌면 식감이 푸석해지니 아삭거림이 너무 죽지 않게 쪄주세요.
③ 페페론치노, 카옌페퍼 등을 넣어 매콤하게 만들어도 맛있어요.

연결 메뉴
샤부샤부, 바싹불고기

유린기

집에서 만들어 먹는 몇 가지 중국요리 중 유린기는 맥주에 곁들이기 너무 좋은 메뉴예요.
보통 닭다리 정육으로 만들지만 닭안심, 닭가슴살 등 좋아하는 부위로 만들어도 좋아요. 저희는
주로 제가 좋아하는 닭다리 정육과 아내가 좋아하는 닭안심으로 하는 편인데
남은 닭고기는 찌개나 볶음밥 등에 활용해요.

재료
닭고기 400~450g, 양파 ¼개,
대파 흰 부분 ½대, 양상추 ⅓통

튀김옷
전분 2Ts, 옥수수 전분 1Ts,
달걀흰자 1개 분량, 소금 1꼬집

소스
맛간장 6Ts, 식초 2Ts,
레몬즙 1Ts, 설탕 1Ts,
매실청 1Ts, 미림 2Ts,
다진 마늘 ½Ts,
채 썬 매운 고추 1개 분량,
소금 2꼬집, 후춧가루

❶ 양파와 대파는 얇게 채 썰어 얼음물에 10분 정도 담근 후 체에 건져 물기를 제거해주세요.

❷ 양상추는 깨끗하게 씻어 한입 크기로 잘라 접시에 담아주세요.

❸ 튀김옷 재료는 고루 섞어주세요.

❹ 닭고기에 튀김옷을 입히고 노릇하게 튀겨주세요.

❺ 튀긴 닭은 한입 크기로 잘라 양상추 위에 올리고 양파와 대파를 올린 후 고루 섞은 소스를 뿌려주세요.

TIP

① 닭을 튀겨 만들어도 맛있지만 튀김옷 없이 닭고기에 소금만 살짝 뿌려 껍질부터 팬에 노릇하게 구워 만들어도 담백하고 맛있어요.

연결 메뉴
닭계장, 닭볶음탕,
닭고기볶음밥

닭꼬치

불금에 간단하게 술안주로 제격이에요. 닭다리 정육 또는 안심을
한입 크기로 잘라 대파, 버섯 등을 꼬치에 같이 꽂아 팬에 굽다가 소금, 간장, 고추장 양념 등
좋아하는 양념을 발라서 구우면 웬만한 선술집 꼬치구이 못지않아요. 보통 양념을 발라
굽기도 하지만 양념에 찍어 먹어도 맛있어요.

재료
닭고기 400~450g, 대파 1대,
올리브유, 소금·후춧가루 약간씩

양념장
맛간장 5Ts, 미림 1Ts, 꿀 1Ts,
다진 마늘 ½Ts, 생강 분말, 소금,
후춧가루

❶ 닭고기와 대파를 한입 크기로 잘라 꼬치에 번갈아 끼우고
소금과 후춧가루를 살짝 뿌려주세요.

❷ 뜨겁게 달군 팬에 올리브유를 두르고 앞뒤로 노릇하게
구워주세요.

❸ 양념장을 앞뒤로 바르면서 약한 불에 양념이 타지 않도록
두세 번 구워주세요.

TIP

① 양배추를 한입 크기로 잘라 꼬치를 구운 팬에 살짝 볶아 양념장을 2Ts 정도
더해 버무린 후 닭꼬치와 함께 즐겨보세요. 간단하지만 이자카야 느낌 물씬
나는 양배추볶음이 된답니다.

② 페페론치노, 카옌페퍼 등을 뿌려 매콤한 맛을 추가해도 좋아요.

연결 메뉴
솥밥, 간단 닭계장

간장삼겹살볶음

삼겹살 600g을 사면 꼭 한두 줄 정도 남을 때가 있어요. 김치냉장고에 보관해두었다
채소와 함께 간장양념으로 볶아주면 간단하면서도 맛있는
요리가 되죠. 술안주로 좋지만 밥 위에 올려 덮밥처럼 먹어도 한 끼 식사로 손색없답니다.

재료
삼겹살 200~250g, 양파 ¼개,
대파 ½대, 꽈리고추 10~15개

양념장
맛간장 3Ts, 굴소스 1Ts,
미림 2Ts, 올리고당 1Ts,
다진 마늘 1Ts, 후춧가루

마무리
참기름, 참깨

❶ 삼겹살과 양파는 먹기 좋게 썰고 대파는 채 썰어주세요.

❷ 올리고당을 제외한 양념장 재료를 고루 섞어주세요.

❸ 뜨겁게 달군 팬에 삼겹살, 양파, 대파를 넣고 볶다가 올리고당을 넣어주세요.

❹ 삼겹살이 노릇하게 익으면 꽈리고추와 양념장을 넣고 센 불에 1분 정도 재빠르게 볶아주세요.

❺ 참기름과 참깨를 뿌려주세요.

TIP

① 고기와 올리고당을 먼저 볶은 후 양념장을 넣으면 고기에 양념이 더 잘 배어들어요.

② 양배추와 버섯을 같이 볶아도 좋아요.

연결 메뉴
꽈리고추찜

어묵탕

어묵은 제가 정말 자주 사용하는 재료 중 하나인데요. 어느 곳에서나 쉽게 구매할 수 있고 다양한 메뉴에 활용하기에도 좋아요. 유통 기한도 충분하고 가성비도 높아 두 사람 식탁에는 아주 좋은 재료라고 생각해요. 얼큰하게 끓인 어묵을 간장 소스에 찍어 먹어도 맛있고 우동 사리를 넣어 냄비우동으로 만들어 먹어도 맛있어요.

재료
어묵 2인분, 육수 800ml,
표고버섯 1개, 새송이버섯 ½개,
대파 ½대, 양파 ¼개, 매운 고추 1개

양념
국간장 2Ts, 참치액 1Ts,
쯔유 1Ts, 다진 마늘 ½Ts, 소금,
후춧가루

❶ 어묵은 한입 크기로 자르거나 여러 번 접어 꼬치에 꽂아 준비해주세요

❷ 채소는 한입 크기로 자르거나 채 썰어주세요

❸ 육수가 끓으면 ①과 ②, 양념을 넣고 끓여요.

① 대파, 버섯 등을 큼직하게 잘라 팬에 구운 다음 올려주면 불향도 나고 예쁘게 플레이팅할 수 있어요.

② 닭고기, 무, 가래떡, 우동 면 등 좋아하는 어묵탕 재료를 더해 응용해보세요.

③ 고추기름을 마지막에 뿌려주어도 좋아요.

연결 메뉴
어묵볶음, 떡볶이, 우엉잡채,
고추장찌개

콘샐러드와 콘치즈

콘샐러드와 콘치즈는 간단하지만 자꾸 손이 가는 밑반찬 같은 안주예요.
맥주 한잔이 생각나는 밤, 특별한 재료가 없을 때 만들기도 좋죠. 피자나 치킨을 먹을 때도
콘샐러드를 만들어 곁들이고는 해요. 콘치즈에는 완성 후 파르미지아노레지아노 치즈, 카옌페퍼
등을 뿌리면 마약옥수수처럼 순식간에 먹어버리죠.

콘샐러드 재료
옥수수 1캔, 양파 ¼개,
매운 고추 1개, 다진 마늘 ½Ts,
마요네즈 1Ts, 식초 1Ts,
레몬즙 1Ts,
꿀 또는 메이플시럽 ½Ts

콘치즈 재료
옥수수 1캔, 양파 ¼개,
다진 마늘 1Ts, 마요네즈 1Ts,
버터 1Ts,
꿀 또는 메이플시럽 ½Ts, 쪽파 약간

콘샐러드

❶ 캔옥수수는 체에 건져 수분을 제거해주세요.

❷ 양파와 고추는 잘게 썰어 볼에 담고 마늘, 마요네즈, 식초, 레몬즙, 꿀과 옥수수를 넣고 섞어주세요.

❸ 랩을 씌워 냉장고에 30분 정도 숙성해주세요.

콘치즈

❹ 캔옥수수는 체에 건져 수분을 제거해주세요.

❺ 양파는 잘게 썰어주세요.

❻ 쪽파를 제외한 모든 재료를 넣고 중불에 노릇해질 때까지 볶아주세요.

❼ 쪽파를 뿌려주세요.

TIP

① 콘치즈에 파르미지아노레지아노 치즈와 카옌페퍼 또는 고춧가루를 뿌려주면 더 맛있어요.

연결 메뉴
각종 샐러드

오징어무침

해산물은 구매한 후 최대한 빨리 먹는 게 좋기 때문에 오징어를 사 온 날부터
며칠은 오징어 메뉴를 만들어요. 그중에서 오징어무침은 새콤달콤하게
입맛을 당기는 안주 메뉴인데요. 오징어가 없을 땐 골뱅이를 넣어
골뱅이무침으로 활용해보세요.

재료
오징어 1마리, 양파 ½개,
대파 흰 부분 5cm 1토막,
오이 ½개, 당근 약간, 소금

양념
고추장 ½Ts, 고춧가루 1Ts,
식초 2Ts, 설탕 ½Ts, 매실청 1Ts,
간장 1Ts, 다진 마늘 ½Ts,
참기름 1Ts, 소금 2꼬집,
참깨, 후춧가루

❶ 오징어는 한입 크기로 잘라 뜨거운 물에 데친 후 찬물로 헹구어 물기를 빼주세요.

❷ 양파, 대파는 얇게 채 썰어 얼음물에 5분 정도 담근 후 키친타월에 올려 물기를 빼주세요.

❸ 오이는 채 썰어 소금에 살짝 절인 다음 물기가 나오면 꾹 짜서 준비해주세요.

❹ 당근과 그 외 채소가 있다면 채 썰어 준비해주세요.

❺ ①~④에 고루 섞은 양념을 넣고 비벼주세요.

TIP
① 양파와 대파를 찬물에 담가 아린 맛을 제거하면 좋아요.
② 양념을 2배로 만들어 소면을 더해도 맛있어요.
③ 맵게 먹고 싶다면 매운 고추 1~2개를 채 썰어 넣어주세요.
④ 양배추, 미나리 등의 채소를 넣어 같이 무쳐도 맛있어요.

연결 메뉴
짬뽕밥, 오징어버터구이, 오징어튀김

두부김치

가장 좋아하는 안주 톱 3 중 하나라고 할까요. 쉽고 간단한데 맛은 보장되고 가성비까지
탁월한 메뉴라고 생각해요. 두부와 함께 가지런하게 담으면 비주얼도 노력 대비 너무 예쁘죠.
신김치만 들기름에 볶아도 맛있는데, 돼지고기가 좀 남았다면 같이 볶아주세요.

재료
두부 1모,
한입 크기로 썬 신김치 2컵,
매운 고추 1개, 들기름(볶음용)

양념
고춧가루 1Ts, 간장 1Ts,
연두 1Ts, 고추장 ½Ts, 설탕 ½Ts,
후춧가루

마무리
쪽파, 참깨

❶ 팬에 들기름을 두르고 신김치와 양념, 매운 고추를 넣고 볶아주세요.

❷ 두부는 뜨거운 물에 데친 다음 한입 크기로 잘라 접시에 담아주세요.

❸ 볶은 김치를 옆에 담고 쪽파와 참깨를 뿌려주세요.

❹ 기호에 따라 참기름에 무친 파채를 곁들여도 좋아요.

TIP
① 김치를 볶을 때 돼지고기, 버섯 등을 추가해도 맛있어요.

연결 메뉴
김치찌개, 두부데리야끼

명란구이

반찬으로도 좋아하는 명란은 아보카도를 썰어 그 위에 올려 먹으면 담백한 아보카도와 명란의 짠맛이 조화를 이루어 아주 맛있는 간단 요리가 되죠. 파스타에도 명란을 넣어 비비면 별다른 간을 하지 않아도 간단하게 완성되고요. 이렇게 명란은 궁합이 좋은 식재료와 만나면 그 맛이 배가돼요. 명란을 그대로 팬에 구워 마요네즈와 오이를 곁들이면 구운 명란 자체만으로 훌륭한 메인 안주가 된답니다.

재료
백명란 2개, 오이 1개, 버터 1조각, 소금 1꼬집, 식초 2Ts, 깻잎(곁들임용), 올리브유

마요네즈 소스
마요네즈 2Ts, 꿀 ½Ts, 카옌페퍼 또는 고춧가루 약간

마무리
쪽파, 참기름, 참깨

❶ 오이는 한입 크기로 잘라 소금을 뿌려 10분 정도 살짝 절인 다음 식초를 넣고 버무려 10분 정도 더 절여주세요.

❷ 오이는 물기를 꽉 짜서 접시에 담아주세요.

❸ 소스 재료를 고루 섞어주세요.

❹ 팬에 올리브유를 두르고 명란을 노릇하게 굽다가 버터를 넣어요.

❺ 접시에 구운 명란, 소스, 채 썬 깻잎을 올리고 마무리 재료를 뿌려주세요.

TIP
① 오이는 칼집을 잘게 내면 빨리 절이고 식감도 좋아요.
② 명란은 겉면만 살짝 익혀도 좋아요.
③ 명란을 구우면서 알이 튀기 때문에 뚜껑을 준비해주세요.
④ 마요네즈 소스에 청양고추를 썰어 넣어도 맛있어요.

연결 메뉴
아보카도명란마요, 명란파스타

차돌박이숙주볶음

아삭하고 은은한 숙주 향이 기름진 고기와 만나면 그 맛이 배가된답니다.
차돌박이가 아니어도 삼겹살, 가브리살, 베이컨 등과도 잘 어울려요.
한때는 숙주 1봉지가 많아 보였지만 이 메뉴만으로도 숙주 남을 걱정은 없어요.

재료
차돌박이 200g, 숙주 ½봉지,
양파 ¼개

양념
맛간장 2Ts, 굴소스 ½Ts,
미림 2Ts, 다진 마늘 ½Ts,
올리고당 1Ts, 후춧가루

마무리
참기름, 참깨, 쪽파

❶ 숙주는 깨끗이 씻고 양파는 가늘게 채 썰고 쪽파는 송송 썰어주세요.

❷ 양념 재료는 고루 섞어주세요.

❸ 뜨겁게 달군 웍에 식용유를 두르고 차돌박이를 재빠르게 볶다가 숙주, 양파, 양념을 넣고 볶아요.

❹ 참기름과 참깨를 뿌리고 쪽파를 뿌려주세요.

TIP
① 숙주는 아삭한 식감이 너무 죽지 않도록 뜨거운 불에 재빠르게 볶는 게 좋아요.
② 부추와 당근을 넣으면 보기에도 먹기에도 좋아요.

연결 메뉴
돌솥비빔밥, 숙주무침

양송이치즈구이

음식은 영양소를 섭취하기 위한 목적이 크지만 사실 그렇게 간단한 의미만 있다고 생각하지는 않아요. 음식에는 추억이 담겨 있죠. 양송이구이는 정말 간단한 요리지만 저희 부부에게는 스페인 여행 때 먹은 타파스 중 하나로, 두 사람의 추억을 떠올리게 하는 메뉴예요. 요즘처럼 여행 가기 어려울 때 그 당시 기억을 되살려 초리조를 넣고 올리브유를 듬뿍 뿌려 구워요. 하지만 구하기 쉬운 재료로 간단하게 만들어도 맛있어요.

재료
양송이 10~15개, 양파 약간, 매운 고추 1개, 베이컨 2줄, 모차렐라 치즈 1줌

양념
올리브유, 소금, 후춧가루

재료 준비하기

① 양송이는 기둥을 분리해 잘게 썰어주세요.

② 양파, 매운 고추는 잘게 썰어주세요.

③ 베이컨은 노릇하게 구워 잘게 잘라주세요.

양송이 굽기

④ 양송이 갓에 ①~③을 골고루 채워 넣고 모차렐라 치즈를 올려주세요.

⑤ 올리브유, 소금, 후춧가루를 뿌려 200도 오븐에서 8분 정도 구워주세요.

① 치즈는 콜비잭, 몬트레이, 파르미지아노레지아노 등 어떤 치즈로 해도 맛있어요.
② 올리브를 잘게 썰어 넣어도 좋고 같이 곁들여도 좋아요.
③ 이국적인 맛을 원한다면 초리조를 넣어보세요.
④ 페페론치노, 카옌페퍼, 고추기름 등을 추가해 매운맛으로도 즐겨보세요.

토마토치즈구이

장을 보면 유독 토마토 한두 개만 사기가 아까워 한 봉지를 사고는 하는데 샐러드나 소스 등에 활용하고도 꼭 몇 개씩 남아요. 이때 토마토를 남기지 않고 다 먹겠다는 의지를 담아 만든 요리로 채소 속을 파서 고기나 채소를 채워 오븐에 굽는 프랑스 요리 파르시를 응용한 메뉴예요. 고기가 없다면 두부를 넣어 만들어도 좋아요. 파프리카, 가지, 호박 등 다양한 채소로도 가능해요.

재료
토마토 2~3개, 두부 ½모, 버섯 3~4개, 양파 ¼개, 콜비잭 치즈 ¼컵, 모차렐라 치즈 1컵(토마토를 덮을 정도), 올리브유

양념
연두 1Ts, 소금 2꼬집, 후춧가루

마무리
바질 잎 또는 바질 페스토, 페페론치노

❶ 토마토 속을 파서 볼에 담아주세요.

❷ ①에 잘게 썬 버섯과 양파, 물기를 제거한 두부를 넣어주세요.

❸ ②에 잘게 썬 콜비잭 치즈와 양념을 넣어 고루 버무려주세요.

❹ 토마토 속에 채우고 모차렐라 치즈로 덮은 다음 200도 오븐에서 10분 정도 구워요.

❺ 마무리 재료를 뿌려주세요. 만약 재료가 없으면 올리브유만 살짝 뿌려주세요.

① 토마토는 칼집을 내서 뜨거운 물에 살짝 데친 다음 찬물에 담가 껍질을 벗겨 사용하면 더 부드러워요.
② 함박스테이크, 떡갈비 등을 만들 때 고기 일부를 소분해두었다 토마토 속을 채울 때 활용해도 좋아요.
③ 매콤함을 좋아하면 카옌페퍼를 뿌리거나 매운 고추를 썰어 넣어주세요.

연결 메뉴
토마토김치, 토마토살사, 토마토소스

브런치

여유로운 주말 아침의 모닝커피가 저에게는
가장 큰 즐거움 중 하나인데요. 이때 커피와 함께 다양한
브런치 메뉴로 주말 느긋한 첫 끼를 한가롭게 즐기는
편이에요. 주말 브런치는 맛도 중요하지만 예쁘게
플레이팅해 사진을 찍으면 기분도 좋아지더라고요.
맛있는 레시피와 함께 우리 집 식탁에서 스마트폰으로
간단하게 찍는 예쁜 사진 팁도 참고하세요.

트러플토스트

요리를 좋아하면 자연스럽게 맛있는 레스토랑를 찾아다니게 되지요.
예전에 뉴욕의 유명한 셰프가 한국 레스토랑과 컬래버레이션을 한 적이 있어요.
그때 메뉴로 나왔던 토스트로 브리오슈에 치즈와 트러플을 갈아 올린 맛을
잊을 수가 없었죠. 그 이후 나름 구하기 쉬운 재료로 재해석해 단골 브런치 메뉴가 되었고
손님 초대에 애피타이저로 만들면 뜨거운 반응을 받은 메뉴이기도 해요.

재료
식빵 2장(가능하면 통식빵),
잘게 자른 버섯 1컵,
다진 양파 1Ts,
트러플 소스 1Ts, 꿀 1Ts, 버터,
트러플 오일 또는 제스트,
파르미지아노레지아노 치즈,
올리브유 2Ts, 소금 1꼬집,
후춧가루

재료 준비하기

❶ 두툼한 식빵의 자장자리를 잘라주세요.

❷ 최대한 잘게 자른 버섯과 다진 양파를 올리브유를 두른 팬에 재빨리 볶아주세요.

❸ 볼에 ②를 넣고 트러플 소스, 꿀, 소금, 후춧가루를 넣고 혼합해주세요.

트러플토스트 만들기

❹ 버터를 살짝 녹인 팬에 빵을 앞뒤로 노릇하게 구워주세요.

❺ 빵에 ③을 올리고 트러플 오일 또는 제스트를 뿌려주세요.

❻ 파르미지아노레지아노 치즈를 소복하게 갈아 올려주세요.

TIP

① 브리오슈 식빵으로 만들면 더 부드럽고 버터 풍미가 가득해 가능하다면 브리오슈 식빵을 추천해요.
② 통식빵을 쓸 때는 3cm 정도로 두툼하게 잘라 만들면 좋아요.
③ 트러플을 사용하기 때문에 버섯은 되도록 향이 덜한 송이나 느타리버섯을 사용하는 편이에요.
④ 마요네즈에 트러플 오일 또는 제스트를 섞어 살짝 찍어 먹어도 맛있어요.

연결 메뉴
버섯솥밥, 버섯볶음밥

양배추달걀토스트

같은 재료라도 손질이나 조리 방식에 따라 음식의 맛이 완전히 달라져요.
꼭 어려운 조리 방식이 아니더라도 말이에요. 양배추를 채칼을 이용해 최대한 얇게 잘라 얼음물에
몇 분간 담가두면 아삭한 식감이 환상적이에요. 아내의 최애 토스트인 양배추달걀토스트는 재료가
특별하지는 않지만 양배추 손질만으로도 아주 매력적인 토스트가 된답니다.

재료
식빵 4장, 양배추 1줌, 달걀 3개,
양파 약간, 당근 2cm 1토막,
치즈 2장, 샌드위치 햄 2장,
소금 1꼬집, 마요네즈 3Ts

소스
케첩 2Ts, 스리라차 소스 1Ts,
설탕 1Ts, 소금 1꼬집, 후춧가루

❶ 양배추는 최대한 얇게 채 썰어 얼음물에 10분 정도 담가둔 후 물기를 꾹 짜서 체에 건져주세요.

❷ 소스 재료는 혼합해주세요.

❸ 달걀에 얇게 채 썬 양파와 당근, 소금을 넣고 고루 섞어 네모난 모양으로 2장 부쳐주세요.

❹ 식빵 양쪽에 마요네즈를 각각 바르고 달걀, 치즈, 샌드위치 햄을 올린 다음 소스를 발라주세요.

❺ 물기를 제거한 양배추를 꾹 눌러 소복하게 쌓아 올리고 식빵으로 덮어주세요.

연결 메뉴
돈가스, 양배추스테이크

TIP
① 바삭하게 구운 베이컨을 추가해도 좋아요.

홍콩식 프렌치토스트

1년에 한두 번 홍콩 출장을 갈 때가 있었는데 홍콩은 정말 길거리 음식의 천국 같았어요. 어렴풋한 기억이지만 토스트를 정말 맛있게 먹었는데, 어느 날 회사 근처 레스토랑에서 홍콩식 프렌치토스트 메뉴를 보고 바로 주문했어요. 홍콩에서 맛보았던 그 토스트는 아니지만 저한테는 그 레스토랑 토스트가 정말 맛있더라고요. 처음에는 멘보샤처럼 기름에 튀겨 만들었지만 좀 더 간편하게 레시피를 바꿔 간단한 버전으로 만들어보았답니다.

재료
통식빵 두툼하게 2장, 달걀 2개,
우유 1컵, 흑설탕 1Ts,
시나몬 가루 약간,
피넛버터 파우더 2Ts,
메이플시럽 ½컵, 버터 3조각

❶ 달걀, 우유, 흑설탕, 시나몬 가루를 고루 섞어주세요.

❷ 식빵을 ①에 충분히 적셔 식용유를 두른 팬에 버터 1조각을 넣고 앞뒤로 노릇하게 구워주세요.

❸ 식빵에 골고루 피넛버터 파우더를 뿌려주세요.

❹ 메이플시럽을 약한 불에 데워 식빵에 뿌리고 버터를 1조각씩 올려주세요.

① 피넛버터 파우더 대신 피넛버터를 사용해도 돼요.
② 메이플시럽 대신 연유를 뿌리면 좀 더 오리지널 홍콩식 프렌치토스트 느낌을 낼 수 있어요.

오픈샌드위치

종종 만들기 쉬운 빵은 주말에 직접 구워 사용하는데요. 그중에서도 나름
간단한 치아바타를 만들기도 하는데 손바닥 크기로 잘라 살짝 구운 다음
그 위에 좋아하는 재료들을 올려 먹어요. 식빵, 바게트 등 어떤 종류도 상관없어요. 여러 가지
오픈샌드위치로 다양하게 만들 수 있지만 저와 아내가 좋아하는 버섯, 달걀, 새우루콜라 3가지를
소개해요. 식어도 맛이 좋고 예쁘기까지 하니 주말 브런치 감성으로는 제격이죠.

공통 재료
바게트 또는 치아바타, 식빵

새우루콜라 오픈샌드위치

재료
칵테일 새우 6~8마리, 발사믹식초 1Ts, 유자청 ½Ts,
오렌지 슬라이스, 루콜라, 페페론치노, 올리브유, 소금 1꼬집, 후춧가루

❶ 바게트 또는 치아바타, 식빵 등을 팬에 노릇하게
   구워주세요.

❷ 새우는 달군 팬에 올리브유를 두르고 볶아주세요.

❸ 볼에 새우와 발사믹식초, 유자청, 소금, 후춧가루를 넣고
   고루 섞어주세요.

❹ 빵에 ③과 오렌지 슬라이스, 루콜라를 번갈아 올려주세요.

❺ 올리브유와 페페론치노를 뿌려주세요.

① 토마토살사를 추가해도 맛있답니다.
   토마토살사는 192페이지 참고
② 오렌지 대신 사과, 아보카도 슬라이스를 추가해도 좋아요.

버섯 오픈샌드위치

재료
느타리버섯 약간, 양송이버섯 5~6개, 쪽파 약간, 맛간장 1Ts, 발사믹식초 1Ts, 꿀 ½Ts, 버터, 파르미지아노레지아노 치즈, 올리브유, 소금 1꼬집, 후춧가루

❶ 바게트 또는 치아바타, 식빵 등을 팬에 노릇하게 구워주세요.

❷ 버섯을 한입 크기로 잘라 올리브유를 두른 팬에 볶아주세요.

❸ 볼에 볶은 버섯과 맛간장, 발사믹식초, 꿀, 소금, 후춧가루를 넣고 혼합해주세요.

❹ 빵에 버터를 바르고 ❸을 올려 올리브유를 뿌리고 파르미지아노레지아노 치즈를 갈아 올린 다음 채 썬 쪽파를 뿌려주세요.

달걀 오픈샌드위치

재료
삶은 달걀 3개, 올리브 4~5알,
홀그레인 머스터드 ½Ts,
머스터드 1Ts, 꿀 ½Ts,
바질 2~3장(또는 바질 페스토 약간),
올리브유 1Ts, 소금 1꼬집, 후춧가루

❶ 바게트 또는 치아바타, 식빵 등을 팬에 노릇하게 구워주세요.

❷ 올리브를 잘게 썰어주세요.

❸ 볼에 ②와 홀그레인 머스터드, 머스터드, 꿀, 올리브유, 소금, 후춧가루를 넣고 달걀과 함께 으깨주세요.

❹ 빵에 ③을 올리고 바질 또는 바질 페스토를 올려주세요.

가츠산도

돈가스를 만들 때 먹을 만큼 튀기고 여분으로 2~3장 더 만들어 냉동해두고는 해요. 그중 하나는 식빵 크기만 하게 잘라 준비해두는데, 주말 브런치로 가츠산도를 만들기 위해서예요. 두툼하게 자른 등심을 바삭하게 튀겨 돈가스 소스와 머스터드 등을 발라 식빵 사이에 넣고 한입 베어 물면 햄버거와는 또 다른 세계죠. 기름에 튀기는 게 부담스럽다면 기름을 뿌리고 에어프라이어를 활용해도 괜찮아요.

재료
돈가스용 등심 1장, 식빵 2장, 양상추 3~4장, 치즈 1장

양념
돈가스 소스 3Ts, 머스터드소스 ½Ts, 홀그레인 머스터드 ½Ts, 설탕 1ts, 소금, 후춧가루

❶ 식빵 가장자리를 잘라내고 정사각형으로 잘라주세요.

❷ 양념 재료를 혼합해주세요.

❸ 식빵 양쪽에 양념을 발라주세요.

❹ 식빵 위에 양상추, 치즈, 잘 튀긴 돈가스 231페이지 참고를 올리고 식빵으로 덮어주세요.

❺ 2등분 혹은 4등분으로 잘라 예쁘게 담아주세요.

연결 메뉴
돈가스

달걀말이토스트

전날 먹고 남은 김밥을 다음 날 먹을 때 달걀에 담가 프라이팬에 노릇하게 구우면 딱딱하게 굳어 맛없던 김밥이 살아나는 것 아시나요? 달걀말이토스트도 시작은 비슷해요. 햄, 치즈, 잼 등 간단한 재료를 넣고 달걀로 말면 비주얼도 색다르고 맛은 말할 필요가 없죠. 요리는 눈으로 먼저 먹고 입으로 먹는다는 말처럼 비슷비슷한 재료를 방식을 바꿔보면 또 다른 재미와 함께 멋과 맛이 생겨요. 그게 바로 요리의 묘미인 것 같아요.

재료
달걀 4개, 식빵 4장,
샌드위치 햄 4장,
슬라이스 치즈 4장,
소금·후춧가루 약간씩

양념
머스터드 1Ts, 꿀 1Ts,
소금 2꼬집, 후춧가루

❶ 달걀을 풀고 소금, 후춧가루를 넣어 고루 섞어주세요.

❷ 식빵 가장자리를 잘라내고 정사각형으로 잘라주세요.

❸ 양념 재료를 혼합해 식빵 한쪽 면에 각각 발라주세요.

❹ 식빵, 치즈, 햄, 치즈, 햄, 식빵 순으로 올리고 반으로 잘라주세요.

❺ 네모난 팬에 달걀물을 부어 약간 익은 상태에서 식빵을 올려 돌돌 말아주세요.

TIP

① 달걀을 풀 때 당근, 양파 등의 채소를 넣어도 맛있어요.
② 채소를 추가할 때는 최대한 잘게 잘라주세요.
③ 일반 슬라이스 치즈도 맛있지만 슬라이스된 고다 치즈를 활용해보세요.

연결 메뉴
달걀찜, 오믈렛, 달걀말이

토마토살사와 타코

주말에 종종 등산 후 근처 유명한 타코 맛집에 가고는 하는데요. 저의 최애 메뉴는 돼지고기와 새우 타코예요. 타코도 너무 맛있지만 저는 토마토살사가 그렇게 좋더라고요. 레시피도 간단하고 콘샐러드처럼 자꾸 손이 가는 맛이라 토마토살사 덕분에 토마토 한 박스를 구매해도 두렵지 않아요. 돼지불백, 닭꼬치 등을 만들 때 활용하면 좋은데 토르티야에 돼지불백과 고수, 토마토살사를 올려 먹으면 정말 맛있는 타코를 즐길 수 있어요.

토마토살사 재료
토마토 1개, 양파 ½개, 라임 1개,
소금 2꼬집, 후춧가루

타코 재료
토르티야 3~4장, 불고기용
돼지고기 150g, 양상추 약간,
올리브유, 소금, 후춧가루

돼지고기 양념
맛간장 4Ts, 미림 1Ts,
올리고당 1Ts, 소금 1꼬집,
후춧가루

❶ 토마토, 양파를 작게 깍둑썰기해 볼에 담고 라임 1개 분량의 즙, 소금, 후춧가루를 뿌려 버무려주세요.

❷ 돼지고기에 양념을 넣고 조물조물 주물러 준비하고 달군 팬에 재빠르게 익혀주세요.

❸ 양상추는 채 썰어 준비해주세요.

❹ 팬에 토르티야를 살짝 구운 다음 양상추와 ❷의 돼지고기, 토마토살사를 올려주세요.

❺ 타코 위에 올리브유, 소금, 후춧가루를 살짝 뿌려주세요.

TIP

① 매운맛을 좋아하면 고기에 매운 고추를 넣어 볶아도 좋고 마지막에 카옌페퍼를 뿌려 먹어도 맛있어요.

② 고수, 새우, 소고기 등 취향에 맞는 부재료와 채소를 추가해서 먹으면 더 맛있어요.

연결 메뉴
토마토파스타,
가지베이컨치즈말이

닭가슴살샐러드

닭가슴살은 사실 저는 별로 좋아하지 않지만 아내가 좋아하는 부위예요. 종종 주말 브런치로 가볍에 샐러드 메뉴를 먹고 싶을 때가 있는데요. 뭔가 맛있게 먹을 수 있는 방법이 없을까 고민하다 만든 메뉴랍니다. 간단하게 만들 수 있는 여러 가지 소스를 활용해서 먹다 보면 맛도 있고 재미도 있죠. 채소도 샐러드 채소나 허브 등 남은 재료들이 있다면 충분히 활용 가능하고요. 소스는 두 가지 정도로 만들어 입맛에 따라 즐긴답니다.

재료
닭가슴살 2덩어리, 양상추 ½통, 선호하는 샐러드 채소(로메인, 루콜라, 바질, 래디시, 적양파, 양배추 등) 적당량, 방울토마토 6~7개, 양파 ¼개, 올리브유(구이용), 소금, 후춧가루

▶ **오일 소스**
올리브유 4Ts, 간장 1Ts, 식초 또는 발사믹식초 1Ts, 다진 양파 1Ts, 꿀 1Ts, 소금 2꼬집, 후춧가루

▶ **유자 소스**
올리브유 4Ts, 유자청 1Ts, 식초 또는 발사믹식초 1Ts, 다진 양파 1Ts, 소금 2꼬집, 후춧가루

▶ **요거트 소스**
올리브유 4Ts, 요거트 1개, 식초 또는 화이트 비네거 1Ts, 다진 양파 1Ts, 소금 2꼬집, 꿀 1Ts, 후춧가루

❶ 달군 팬에 올리브유를 두르고 중불에 소금, 후춧가루로 살짝 간한 닭가슴살을 노릇하게 구워주세요.

❷ 채소를 한입 크기로 자르거나 채 썰어 접시에 담아주세요.

❸ 소스를 올리고 기호에 따라 치즈나 카엔페퍼, 레몬즙 등을 뿌려주세요.

TIP

① 양상추와 양파는 얼음물에 5분 정도 담근 후 물기를 제거하여 사용하면 아삭하고 좋아요.
② 유린기 소스로 활용해도 좋아요.
③ 오일 소스에 파르미지아노레지아노 치즈를 추가해도 맛있어요.

가지라자냐

라구 소스나 토마토소스, 크림소스 등을 사용해 요리한 날에는 남은 소스를 활용하기도 해요.
소스가 없으면 토마토홀로 간단하게 만들 수도 있고요.
치즈, 베이컨, 채소 등과 함께 만드는 가지라자냐는 한 끼 식사로도 손색없답니다.

재료
가지 2개, 모차렐라 치즈 ½컵,
콜비잭 치즈 ½컵, 올리브유(구이용)

토마토소스
토마토홀 200g, 양파 ¼개,
버섯 약간, 간장 1Ts,
다진 마늘 1Ts,
바질 페스토 ½Ts(생략 가능),
올리브유, 소금, 후춧가루

❶ 가지를 씻어 꼭지 끝부분만 남기고 4~5장이 되도록 길게 슬라이스해주세요.

❷ 올리브유를 두른 팬에 가지를 노릇노릇 구운 후 오븐 그릇에 담아 부채 모양으로 펴주세요.

❸ 양파, 버섯은 잘게 잘라 올리브유를 두른 팬에 볶아주세요.
(베이컨, 스팸 등을 추가해도 좋아요)

❹ ③에 토마토홀과 남은 재료를 넣고 볶아주세요.

❺ 가지 슬라이스 사이에 ④를 골고루 채우고 치즈를 뿌려주세요.

❻ 200도로 예열한 오븐에 10분간 구워주세요.

TIP
① 가지를 팬에 한번 구운 후 오븐에 구우면 식감이 훨씬 부드럽고 좋아요.
② 바질, 루콜라, 이탈리안 파슬리 등을 뿌리면 색감도 보기 좋고 맛있어요.

연결 메뉴
매운 가지볶음,
가지베이컨말이,
차돌박이가지샐러드

양파수프

프렌치 레스토랑에서 맛본 양파수프가 너무 맛있어 집에서 좀 간단하게 만들 수 없을까 고민하다 닭육수 대신 두 사람 식탁 육수로 해봤어요. 물에 시판 치킨스톡을 넣어 사용해도 되지만 육수에서 좀 더 깊은 맛이 나는 것 같아요. 양파를 볶는 시간이 좀 필요하지만 한입 떠먹으면 충분히 볶을 만한 가치가 있다고 느끼게 돼요.

재료
양파 2개, 버터 15g,
다진 마늘 1Ts, 와인 3Ts,
육수 500ml,
간 그뤼에르 치즈 30g,
올리브유(구이용), 소금 2꼬집

❶ 양파는 채 썰어 올리브유를 충분히 두르고 소금을 넣은 뒤 중불로 15~20분 정도 진한 갈색이 될 때까지 볶아주세요.

❷ 갈색이 되면 버터, 다진 마늘, 와인을 넣고 볶아주세요.

❸ 육수를 넣고 끓여주세요. 끓어오르면 간 그뤼에르 치즈를 넣어 1~2분 정도 더 끓여주세요.

❹ 오븐용 수프 접시 2개에 수프를 나눠 담고 그뤼에르 치즈를 소복하게 올려주세요.

❺ 220도로 예열된 오븐에 10~12분 정도 구워주세요.

TIP

① 양파는 진한 갈색이 될 때까지 충분히 볶아야 해요. 하지만 타지 않게 볶아주세요.
② 파슬리가 있다면 뿌려주세요.
③ 구운 바게트나 식빵을 곁들이면 맛있어요.

감자수프

크림 파스타를 좋아하는 아내 덕분에 생크림을 자주 구매하는데
요리하고 조금씩 남을 때가 있어요. 이럴 때 활용하기 좋은 몇 가지 메뉴를 만드는데 그중에서
감자수프는 포만감이 있어 주말 아침 식사 대용으로도 좋아요.

재료
감자 1½개, 양파 ½개,
육수 400ml, 생크림 200ml,
버터 15g,
파르미지아노레지아노 치즈 20g,
올리브유, 소금 2꼬집, 후춧가루

❶ 감자는 찐 다음 으깨주세요.

❷ 양파를 잘게 썰어서 올리브유에 노릇해질 때까지 볶아주세요.

❸ ②에 육수, 생크림, 소금을 넣고 끓어오르면 감자를 넣고 저어주세요.
  (푸드프로세서를 이용해도 좋아요)

❹ 끓어오르면 불을 끄고 버터를 넣고 파르미지아노레지아노 치즈, 후춧가루를 뿌려주세요.

TIP
① 수프에는 식빵 또는 바게트를 한입 크기로 잘라 버터에 살짝 구워 곁들이면 좋아요.
② 감자수프에 트러플 오일이나 트러플 소스를 마지막에 올리면 맛이 풍부해져요.

연결 메뉴
감자채볶음, 감자조림,
고추장찌개

볶음우동

면을 좋아해서 다양하게 면 요리를 만들어 먹는 편이에요. 채소를 듬뿍 넣고
볶은 다음 간장양념으로 만든 볶음우동은 만드는 시간은 짧으면서 훌륭한 요리가 되죠.
양배추와 양파는 꼭 넣어야 맛있고 냉장고에 남아 있는 채소들을 활용할 때가 많아요.

재료
우동 면 2인분, 양배추 1줌,
양파 ½개, 대파 ½대,
매운 고추 1개,
호박 3cm 1토막, 표고버섯 2개,
당근 약간

양념장
맛간장 3Ts, 굴소스 1Ts,
육수 ½컵, 올리고당 1Ts,
생강 약간, 다진 마늘 1Ts,
후춧가루

마무리
고추기름, 참깨

재료 준비하기

❶ 채소는 채 썰어주세요.

❷ 우동 면은 뜨거운 물에 살짝 데쳐주세요.

❸ 양념장 재료는 고루 섞어주세요.

우동 볶기

❹ 웍에 식용유를 두르고 채소를 볶아주세요.

❺ 우동 면과 양념장을 넣고 센 불에 재빠르게 볶아주세요.

❻ 고추기름과 참깨를 뿌려주세요.

TIP

① 우동 면은 생면이 아닌 건면을 사용할 경우 충분히 익혀주세요.
② 양파의 반을 먼저 노릇해질 때까지 충분히 볶아 단맛을 끌어올리고 나머지
반은 양배추와 같이 볶아 아삭한 식감을 살려보세요.
③ 나머지 채소들도 살짝 익혀주면 비주얼도 식감도 살릴 수 있답니다.
④ 노두유 ½ts을 넣으면 색감이 좀 더 먹음직스러워요.
⑤ 기호에 따라 가다랑어포나 구운 우엉149페이지 참고을 올려주어도
맛있답니다.

연결 메뉴
카레우동, 어묵우동

수제비

비가 오는 날이나 쌀쌀한 날씨에는 따끈한 국물 요리가 생각나요.
칼국수, 수제비를 좋아하는 아내 덕분에 정말 자주 만드는 메뉴 중 하나인데요.
맑은 국물 수제비, 고추장 수제비 등 그날그날 선호하는 스타일로 만들거나 수제비 대신 칼국수
면을 넣어 칼국수를 만들기도 해요. 시판 육수 티백이나 한알 육수 등을 사용해도 좋지만 집에서
만든 육수를 사용하면 감칠맛이 훨씬 좋아요. 육수 만들기가 가끔 귀찮아도 이런 요리 때문에
육수는 꼭 만들어두어요.

재료
밀가루 300g, 물 1컵(반죽용),
육수 900ml, 호박 2cm 1개,
버섯 1줌, 양파 ¼개, 감자 1개

양념
국간장 2Ts, 연두 1Ts,
참치액 1Ts, 다진 마늘 1Ts, 소금,
후춧가루

❶ 볼에 밀가루와 물을 넣어가며 4~5분 정도 반죽한 후 랩을 씌워 30분 이상 휴지시켜주세요.

❷ 채소는 채 썰어주세요.

❸ 육수가 끓으면 양념을 넣어주세요.
 (부족한 간은 소금으로 맞춰주세요)

❹ 반죽을 밀방망이로 밀어 한입 크기로 잘라 넣고 끓어오르면 채소를 넣어 1~2분간 더 끓여주세요.

---

① 얼큰한 맛을 원한다면 매운 고추 1개를 썰어 넣어보세요.
② 고추장 수제비를 만들려면 양념에 고추장 1Ts, 고춧가루 1Ts을 추가하세요.

오믈렛

오믈렛은 간단하지만 호텔 조식에서 먹는 것처럼 보들보들 동그란 모양을 만들려면
꽤 연습이 필요해요. 그런데 어느 여행지 호텔의 오픈 주방에서
오믈렛 만드는 과정을 유심히 관찰한 적이 있어요. 채소와 달걀물을 따로따로 조리해 간단하게
만드는 걸 보고 집에서도 응용해보았답니다.

재료
달걀 4개, 양파 ¼개, 버섯 약간,
토마토 ½개, 우유 ½컵, 미림 1Ts,
버터 약간, 올리브유(구이용), 소금,
후춧가루

❶ 양파, 버섯, 토마토는 잘게 깍둑썰기한 후 달군 팬에
   올리브유를 두르고 소금, 후춧가루를 살짝 뿌려 볶아주세요.

❷ 달걀, 우유, 미림, 소금 1꼬집을 넣고 거품기로
   혼합해주세요.

❸ 달군 팬에 올리브유를 두르고 중불에서 버터를 넣고
   녹여주세요

❹ 달걀물 반을 부어준 후 나무젓가락으로 재빠르게 돌려가며
   부드럽게 익혀주세요.

❺ 볶은 채소 반을 가운데에 넣고 반달 모양으로 덮어주세요.
   (나머지 반으로 1개 더 만들면 두 사람 식탁 완성)

① 달걀을 젓가락으로 돌릴 때 동그란 모양이 망가지지 않게 주의하세요.
② 루콜라 또는 샐러드 채소와 베이컨을 구워 곁들여보세요.

여유로운 주말 밥상

하요

저에게 주말이 즐거운 이유 중 하나는 여유롭게 요리하면서 만들어보고 싶은 요리를 하나하나 시도해보는 시간 때문이에요. 시작은 아내에게 맛있는 요리를 해주고 싶은 마음에서였지만 지금은 저에게도 힐링이 되는 주말 밥상이 되었어요. 익숙한 재료들로 맛있고 예쁘게 차릴 수 있는 두 사람 식탁 단골 주말 메뉴를 소개해드릴게요.

토마토파스타

파스타는 신혼 밥상의 단골 메뉴예요. 정말 다양한 파스타가 있고 맛집도 많지만 집에서 먹는 파스타만의 매력이 있어요. 집집마다 자기만의 레시피가 있을 정도로 다양한 파스타 중에서도 토마토파스타는 신선한 재료 몇 가지만 사용하면 생각 이상으로 맛있게 만들 수 있답니다. 파스타 소스도 대량으로 만들면 맛이 더 좋지만 시판 토마토홀로 간단하게 2인분만 만들면서 좋아하는 해산물이나 베이컨을 추가한 두 사람 식탁의 토마토파스타입니다.

재료
스파게티 면 2인분,
토마토홀 1캔(240~280g),
방울토마토 5~6개,
양파 ⅓개, 마늘 3쪽,
생바질 잎 3~4장
(또는 바질 페스토 ½Ts),
육수 1컵, 면수 1국자, 올리브유,
소금, 후춧가루

소스 만들기

❶ 양파와 마늘을 잘게 다진 후 냄비에 올리브유를 충분히 두르고 소금 1꼬집을 넣어 함께 볶아주세요.

❷ 토마토홀과 육수를 넣고 으깨가며 30분간 끓여주세요.
(푸드프로세서를 활용해도 돼요)

재료 준비하기

❸ 방울토마토는 살짝 데쳐 찬물에 담가 껍질을 제거해주세요.

❹ 면은 2인분 기준 물 1.5리터, 소금 15g을 넣고 10분간 삶아주세요.

파스타 만들기

❺ 팬에 면과 면수, 토마토소스, 방울토마토를 넣고 버무린 후 소금으로 간해주세요.

❻ 올리브유를 살짝 뿌리고 바질 잎을 올려주세요.
(바질 대신 바질 페스토를 넣어도 돼요)

TIP
① 간 마늘보다는 마늘을 직접 으깨 사용하면 풍미가 더 좋아요.
② 루스티켈라 또는 마르텔리 브랜드 면이 붇지 않고 맛있어 주로 사용해요.

연결 메뉴
오믈렛, 피자

오일파스타

마늘 향 가득한 알리오올리오는 저의 최애 파스타 중 하나예요.
마늘과 올리브유만 있어도 되는 간단한 파스타지만 불 조절과 면수를
잘 활용해야 더 맛있게 먹을 수 있어요. 중불 이하로 소스와 면수 그리고 면이
잘 혼합되게 천천히 익혀 약간은 걸쭉한 오일 소스를 만드는 게 포인트예요. 마늘을 넉넉히 넣어
마늘 맛을 많이 낸 홈메이드 오일파스타입니다.

재료
스파게티 면 2인분,
올리브유 8Ts, 마늘 6~8쪽,
페페론치노홀 6~7개,
면수 2컵, 루콜라, 소금, 후춧가루

재료 준비하기

① 마늘의 반은 슬라이스, 반은 잘게 다져주세요.

② 면은 파스타 봉지에 나온 시간보다 1~2분 덜 삶아주세요.

파스타 만들기

③ 팬에 올리브유를 두르고 중불 이하에서 마늘 슬라이스, 페페론치노홀을 넣고 볶아주세요.

④ 면수와 다진 마늘을 넣고 저어주세요.

⑤ 면을 넣고 볶아주세요.
(면수와 오일이 섞이면서 걸쭉한 상태가 되도록 하고 면수를 약간씩 추가해도 돼요)

⑥ 불은 계속 중불 이하로 하고 소금과 후춧가루로 간해주세요.

⑦ 접시에 담고 루콜라를 올려주세요.

TIP

① 면수에는 천일염을 사용하면 좋아요.
② 마늘이 타면 안 돼요. 노릇해지기 전까지 약하게 볶아주세요.

샐러드파스타

비빔국수처럼 파스타도 차갑게 만들어 먹는 메뉴가 있어요.
샐러드파스타는 예전에 유행한 적이 있었는데, 요즘도 더운 날에는 종종 생각나서 만들고는 해요.
맛도 맛이지만 샐러드파스타의 장점은 웬만한 채소를 모두 처리할 수 있는 냉털 요리의 강자라는
점이에요. 또 반대로 다양한 채소가 먹고 싶은데 샐러드만으로는 뭔가 부족한 느낌일 때 파스타
면만 추가하면 한 끼 식사로 충분해요.

재료
스파게티 면 2인분, 로메인 2장,
루콜라, 양파 ¼개, 당근,
방울토마토 5~6개,
래디시 1개, 사과 ¼개,
마늘 2쪽, 버섯, 레몬 ½개,
파르미지아노레지아노 치즈 20g,
올리브유(구이용)

소스
올리브유 5Ts, 맛간장 4Ts,
연두 1Ts, 꿀 1Ts, 케첩 1Ts,
스리라차 소스 1Ts,
발사믹식초 2Ts, 레몬즙 1Ts,
홀그레인 머스터드 ½Ts,
소금 2꼬집, 후춧가루

재료 준비하기

❶ 소스 재료를 고루 섞어주세요.

❷ 채소는 한입 크기 또는 채 썰어주세요.

❸ 마늘은 슬라이스해 버섯과 올리브유에 살짝 볶아주세요.

파스타 만들기

❹ 파스타 면을 삶아 찬물에 충분하게 헹구어주세요.

❺ 볼에 면과 소스를 섞은 후 접시에 담고 채소를 올린 다음 파르미지아노레지아노 치즈를 뿌려주세요.

❻ 레몬은 껍질을 살짝 갈아 제스트를 뿌려주세요.

---

① 파스타 면은 봉지에 적힌 시간보다 1~2분 더 삶아주세요.
② 채소는 좋아하는 종류로 대체 가능해요. 아보카도, 양배추 등 다양한 샐러드 채소 모두 사용할 수 있어요.
③ 새우, 오징어 등의 해산물을 넣어도 좋아요.

매콤크림파스타

어느 순간 패밀리 레스토랑이 많이 사라졌어요. 아직도 남아 있는 곳 중에서 투움바파스타 하면 떠오르는 곳이 있죠. 아내는 유독 이 투움바파스타를 좋아해 집에서도 자주 만들게 되었는데요. 레시피를 찾아보고 여러 번 입맛에 맞추어 지금의 매콤크림파스타가 되었어요. 크림소스지만 느끼하지 않고 해산물을 좋아하지 않는 아내 입맛에 맞게 새우는 빼고 버섯과 채소를 넣었어요. 크림소스를 별로 즐기지 않는 저도 가끔 생각날 때가 있답니다.

재료
링귀니 면 또는 페투치네 면 2인분,
양송이버섯 3~4개, 양파 ¼개,
베이컨 2줄, 매운 고추 1개,
올리브유

소스
생크림 250ml, 육수 200ml,
채 썬 대파 또는 쪽파 2Ts,
다진 마늘 ½Ts, 고춧가루 ½Ts,
간장 1Ts, 연두 1ts, 소금 1꼬집,
후춧가루

❶ 소스 재료를 고루 섞어주세요.

❷ 버섯과 양파는 한입 크기로 썰고 베이컨과 매운 고추는 채 썰어주세요.

❸ 파스타 면을 삶아주세요.

❹ 올리브유를 두른 팬에 ②를 넣어 볶다가 소스를 넣고 저어가며 끓여주세요.

❺ 면을 넣고 좀 더 끓여주세요.

TIP

① 향신료인 너트맥을 ½ts 정도 넣어주면 향과 맛을 좀 더 투움바파스타스럽게 만들 수 있어요.
② 간장 대신 치킨스톡, 고춧가루 대신 파프리카 가루로 대신해도 좋아요.
③ 카엔페퍼를 뿌려 좀 더 매콤함을 강조해도 좋아요.

연결 메뉴
솥밥크림리소토, 감자수프

라구파스타

5~6인분

라구볼로네제를 한번 만들고서 정말 한동안은 라구 소스에 푹 빠져 주말마다 만들고는 했어요.
맛도 맛이지만 가장 좋은 점은 정말 다양한 요리에 활용할 수 있고 소분해서 냉동해두면
두고두고 쉽고 빠르게 먹을 수 있다는 점이죠. 정통 레시피를 보면 포르치니 버섯이나 허브,
치킨스톡 등을 사용하는데 두 사람 식탁에서는 파와 마늘,
육수로 나름 좀 더 간소화하고 쉬운 재료로 대신했어요.

고기 재료
다진 소고기 400g,
다진 돼지고기 200g, 베이컨 2장

채소 재료
양파 1개, 당근 1개, 셀러리 1대,
버섯 1줌, 대파 1.2대, 올리브유

소스 재료
토마토홀 1캔, 토마토 1개,
다진 마늘 1Ts, 와인 1컵,
육수 1.5리터,
파르미지아노레지아노 치즈 50g,
소금, 후춧가루

❶ 채소 재료를 모두 잘게 썰어 준비해주세요.

재료 볶기

❷ 육수가 충분히 들어가는 냄비에 올리브유를 두르고 채 썬 대파를 볶아주세요.

❸ ②에 잘게 자른 베이컨과 소고기, 돼지고기를 넣고 노릇노릇해질 때까지 볶아주세요.

❹ 볶은 고기는 체에 건져 기름을 빼고, 고기 볶은 냄비에 채소를 넣고 볶아주세요.

❺ ④에 기름 뺀 고기와 와인을 넣고 볶으면서 알코올을 증발시켜주세요.

❻ 토마토홀, 잘게 썬 토마토, 마늘을 넣고 으깨면서 볶아주세요.

끓이기

❼ 육수를 넣고 1시간 이상 끓이는데 중간중간 바닥을 긁어가며 저어주세요.

❽ 소금, 후춧가루, 파르미지아노레지아노 치즈를 넣고 10분 정도 끓여주세요.

① 한우도 좋지만 저렴한 수입산 소고기도 괜찮아요.

② 고기는 2~3회 나누어 넣어가며 볶으면 더 빨라요.

③ 와인은 화이트, 레드 둘 다 상관없어요.

④ 토마토는 칼집을 내서 뜨거운 물에 살짝 데쳐 찬물에 담가 껍질을 제거한 후 사용해주세요.

⑤ 육수는 닭육수도 맛있지만 여기에서는 두 사람 식탁 육수를 사용해요.

연결 메뉴
가지라자냐,
토마토치즈구이,
오믈렛

1인분

솥밥크림리소토

저희 부부는 식성이 비슷한 듯하지만 서로 완전 다른 부분도 있어요.
저는 오일이나 토마토소스 취향이고 아내는 크림소스를 더 좋아해 각자 먹고 싶은 요리를 만들
때도 많아요. 솥밥리소토도 두 가지를 동시에 만들려면 하나는 좀 쉽고 간단해야 좋으니
나름 꾀를 부린 결과물이라고 할 수 있는데요. 의외로 너무 괜찮아 아내도 대만족한 메뉴예요.
시간만 잘 맞추고 잘 저어주면 되니까 나머지 한 가지는 먹고 싶은 요리에 집중하면 돼요.

재료
쌀 1컵, 물 2컵, 육수 2컵,
생크림 ½컵, 우유 1컵,
다진 마늘 1Ts, 양파 ¼개,
대파 약간, 버섯 약간,
파르미지아노레지아노 치즈 20g

양념
간장 2Ts, 참치액 1Ts,
소금 1꼬집, 후춧가루

❶ 육수, 생크림, 우유, 마늘과 양념을 혼합해주세요.

❷ 양파와 대파는 잘게 썰고 버섯은 채 썰어주세요.

❸ 솥에 깨끗하게 씻은 쌀을 넣고 물을 부어 센 불에서 6분간 끓여요.

❹ 뚜껑을 열고 ❶과 ❷를 넣고 중간중간 저어가며 약한 불에서 7분간 끓여주세요.

❺ 불을 끄고 뚜껑을 닫은 다음 3분 정도 뜸을 들여주세요.

❻ 파르미지아노레지아노 치즈를 뿌려주세요.

TIP
① 양념에 너트맥을 추가해도 좋아요.
② 트러플 오일 또는 소스를 뿌려 먹으면 맛있어요.

연결 메뉴
크림파스타

궁중떡볶이

일반적으로 떡볶이 하면 빨간 양념에 어묵과 함께 먹는 매콤한 맛을 생각하지만 간장 베이스의
궁중떡볶이를 한번 맛보면 또 다른 매력을 느끼죠.
어떻게 보면 잡채 만들 때 당면 대신 떡을 넣는다고 생각해도 될 것 같아요.
떡볶이는 밀떡을 좋아하지만 궁중떡볶이는 쌀떡이 더 잘 어울려요.

재료
쌀떡 2인분, 소고기 100g,
양파 ¼개, 당근 약간,
표고버섯 2개, 대파 ½대,
육수 또는 물 ½컵

소고기 양념
미림 1Ts, 소금 1꼬집, 후춧가루

양념장
맛간장 4Ts, 연두 1Ts, 조청 1Ts,
다진 마늘 ½Ts, 소금, 후춧가루

마무리
참기름 1Ts, 참깨

❶ 채소는 얇게 채 썰어 준비해주세요.

❷ 소고기는 소고기 양념을 넣어 밑간해주세요.

❸ 끓는 물에 떡을 4~5분 정도 데쳐 물기를 빼주세요.

❹ 양념장 재료는 고루 섞어주세요.

❺ 팬에 식용유를 두르고 대파와 소고기를 볶아주세요. 남은 채소를 넣고 1분 정도 더 볶다가 양념장과 육수, 떡을 넣어주세요.

❻ 버무리듯 재빠르게 볶은 다음 오목한 그릇에 담고 참기름과 참깨를 뿌려주세요.

TIP
① 고기가 없다면 어묵을 얇게 썰어 넣거나 버섯을 좀 더 추가해 담백하게 즐겨도 좋아요.
② 양념에 노두유 ½ts을 추가해도 좋아요.
③ 깻잎을 얇게 잘라 넣으면 향긋해요.

연결 메뉴
두 사람 국물떡볶이

두 사람 국물떡볶이

사실 저는 학창 시절에도 떡볶이를 즐겨 먹지 않았고 떡보다는 빵을
더 좋아했어요. 그런데 떡볶이 덕후 아내를 만나 서울의 웬만한 떡볶이 맛집은
다 가본 것 같아요. 지방으로 놀러 갈 때도 꼭 떡볶이 맛집 하나쯤은 검색해두어요. 자주 먹다 보니
지금은 저도 좋아하는 메뉴가 되었고 종종 밀떡을 사 와서 만들어 먹어요. 여러 종류의 떡볶이를
먹어봤지만 칼칼하니 국물이 많은 국물떡볶이가 제일 맛있더라고요. 그래서 두 사람 식탁 육수로
국물이 넉넉한 떡볶이를 만들게 되었답니다.

재료
밀떡 2인분, 어묵 2장, 대파 ½대,
매운 고추 1개, 양파 ¼개,
육수 500ml, 양배추 약간

양념장
고추장 1Ts, 고춧가루 2Ts,
참치액 1Ts, 국간장 1Ts,
연두 1Ts, 설탕 2Ts,
다진 마늘 ½Ts, 후춧가루 ½ts

❶ 양념장 재료는 미리 섞어두세요.

❷ 어묵은 한입 크기로 썰고, 채소는 채 썰어주세요.

❸ 육수가 끓으면 양념장과 밀떡, 어묵을 넣고 약불로 줄여
4~5분간 끓인 후 채소를 넣고 3분 정도 더 끓여주세요.

① 양념장은 미리 섞어 숙성하면 더 맛있어요.

② 기호에 따라 치즈, 라면, 쫄면 등을 채소와 함께 넣어도 맛있어요. 쫄면은
뜨거운 물에 3~4분간 데친 다음 넣어주세요.

③ 떡을 넣고 불을 줄여서 끓이면 떡이 퍼지지 않으면서 양념이 잘 배어요.

[4인분]

목살돼지갈비

목살은 구워 김치랑 싸 먹어도 맛있지만 가끔 양념한 고기가 먹고 싶을 때 만들어두면 편리하고 좋아요. 저는 고기 가격이 좋으면 보통 800g~1kg 정도를 구매해 600g은 양념에 재워두고 나머지는 김치찌개를 끓이거나 한입 크기로 썰어 제육볶음으로 활용하는 편이에요. 외식하기 좀 번거로울 때 부드러운 목살에 칼집을 촘촘하게 내서 하루 정도 양념에 재워두면 고깃집 못지않게 정말 부드럽고 맛있는 고기를 먹을 수 있답니다.

재료
목살 600g, 대파 흰 부분 ½대

양념
간장 4Ts, 꿀 1Ts, 설탕 ½Ts,
연두 1Ts, 양파 ½개,
다진 마늘 1Ts, 생강가루 1ts,
소금 1꼬집, 후춧가루

❶ 목살은 칼집을 내고 대파는 동그랗게 송송 썰어주세요.
❷ 양념을 모두 넣고 푸드프로세서로 섞어주세요.
❸ 고기와 양념을 혼합해서 반나절 이상 재워두세요.

TIP
① 설탕 대신 사과나 배 ½개 정도를 넣어도 좋아요.

연결 메뉴
제육볶음,
김치찌개

마늘보쌈

마늘치킨 맛집에서 마늘 소스 맛이 너무 맛있어 자세히 관찰하다가
집에서 나름 기억을 살려 만들어봤어요. 묘하게 마늘과 양파가 어울리는 조합인데 처음에는
치킨에 올려 먹다가 수육을 삶아 마늘 소스와 먹으니 고기와 궁합이 끝내주더라고요.
자주 먹으면서 좀 더 맛있게 소스의 레시피를 바꿔가며 지금의 레시피로 완성했지만
마늘과 양파의 조합만은 변함이 없어요.

수육 재료
통삼겹살 또는 앞다리살
300~400g, 마늘 3~4쪽,
대파 ½대, 계핏가루 1ts,
생강가루 1ts, 월계수 잎 2~3장,
된장 ½Ts

마늘 소스
다진 마늘 2Ts, 다진 양파 4Ts,
꿀 또는 메이플시럽 1Ts, 된장 1ts,
식초 1Ts, 참기름 1Ts, 후춧가루

❶ 마늘 소스 재료를 모두 혼합해 1시간 정도 냉장고에 넣어 숙성해주세요.

❷ 냄비에 수육 재료를 모두 넣고 40분 정도 끓여주세요.

TIP

① 고기는 팬에 표면만 노릇하게 구워준 다음 넣으면 부서지지 않아요.
② 계핏가루 대신 계피 스틱을 넣어도 좋아요.
③ 마늘 소스는 넉넉하게 만들어 반나절 숙성해두면 더 맛있어요. 치킨이나 고기 먹을 때 활용해보세요.
④ 고기는 통째 구매해 일부는 얇게 잘라 제육볶음, 돼지불백 등으로 만들어보세요.

연결 메뉴
제육볶음, 돼지불백

두 사람 식탁 돈가스

돼지고기 등심 또는 안심을 통째 구매해 좋아하는 두께로 자른 다음 육즙 가득 담은 돈가스를
만들면 시판 제품에서는 느낄 수 없는 육향 가득한 돈가스를
즐길 수 있어요. 고기를 두툼하게 잘라 약한 불에서 속까지 잘 익혀주면
겉바속촉 돈가스가 완성되죠. 보통 600~700g 구매해 반은 돈가스, 반은 탕수육을 만들어 먹고는
해요. 양배추를 채칼로 얇게 썰어 곁들이면 돈가스 맛집이 부럽지 않아요.

재료
돼지고기 등심 또는 안심
300~400g, 전분 1컵, 달걀 2개,
빵가루 2컵, 참깨, 소금, 후춧가루

양배추 소스
마요네즈 3Ts, 간장 1Ts, 꿀 1Ts,
식초 1Ts, 물 2Ts, 들깻가루 ½Ts

곁들임
양배추 ¼개, 돈가스 소스

❶ 고기는 1.5~2cm 두께로 두툼하게 잘라 칼로 콕콕 찍어 칼집을 내준 다음 소금, 후춧가루를 살짝 뿌려주세요.

❷ 고기를 전분, 달걀물, 빵가루 순으로 묻혀 준비해주세요.

❸ 양배추를 채칼로 얇게 잘라 얼음물에 10분 정도 담근 후 물기를 제거해주세요.

❹ 식용유를 빵가루가 바로 떠오르는 온도까지 예열한 후 ②를 넣고 약한 불에서 노릇노릇 튀긴 다음 체에 건져 4~5분 정도 레스팅해주세요. (내부 온도가 65~70도면 좋아요)

❺ 양배추 소스 재료를 모두 혼합해서 준비해주세요.

❻ 시판 돈가스 소스에 참깨를 으깨 넣어 찍어 드세요.

TIP
① 침 온도계를 사용해 고기 내부 온도를 체크하면 안전하게 조리할 수 있어요.
② 레스팅할 때 내부 온도는 계속 올라가기 때문에 60도 정도 되었을 때 레스팅해주면 좋아요.

연결 메뉴
탕수육

함박스테이크

<small>4~6인분</small>

소고기와 돼지고기를 8 대 2 비율로 혼합해 만들어요. 소고기로만 만드는 것보다 돼지고기를 넣어주면 식감과 풍미가 더 좋죠. 여유 있게 만들어 소분한 다음 보관해두면 떡갈비, 토마토치즈구이, 라구 소스, 미트볼 등 다양하게 활용할 수 있어요. 저는 보통 반은 함박스테이크, 반은 떡갈비로 준비해요.

고기 재료
다진 소고기 600g,
다진 돼지고기 120g, 양파 2개,
다진 대파 ½대, 다진 마늘 1Ts,
빵가루 ½컵, 생강가루 약간,
미림 1Ts, 소금 1ts, 후춧가루

소스
캐러멜라이징한 양파 1Ts,
돈가스 소스 ½컵, 육수 ½컵,
꿀 1Ts, 간장 1Ts, 후춧가루

곁들임
숙주 또는 양배추, 달걀,
카옌페퍼, 소금, 후춧가루

함박스테이크 만들기

❶ 양파를 얇게 채 썰어 기름 두른 팬에 중불로 노릇하게 오래도록 볶아주세요.

❷ 캐러멜라이징한 양파를 볼에 넣고 (1Ts은 소스용으로 빼주세요) 남은 고기 재료와 섞어 130~150g으로 소분해 동그랗게 만들어주세요.

❸ 소스 재료를 고루 섞어 끓여주세요.

곁들임 만들기

❹ 숙주를 센 불에 재빠르게 볶아 소금, 후춧가루로 살짝 간해 곁들여요.

❺ 숙주에 카옌페퍼를 살짝 뿌려주세요.

❻ 달걀은 반숙으로 조리해 고기 위에 올려주세요.

TIP

① 남은 고기는 종이 포일 사이사이에 하나씩 넣어 냉동 보관해 해동 후 요리하면 편리해요.
② 숙주 대신 양배추를 곁들여도 잘 어울려요.
③ 반숙 달걀프라이는 노른자를 터트려 소스와 고기랑 먹으면 고소하고 맛있어요.

연결 메뉴
라구 소스, 떡갈비,
토마토치즈구이,
돌솥비빔밥,
토마토소스를 곁들인 미트볼

스테이크덮밥

등급 좋은 스테이크용 고기를 사서 주물 팬에 맛있게 굽기만 해도 다른 요리는 굳이 필요 없어요.
코스트코나 마트에서 좋은 가격에 많은 양의 고기를 구매했을 때 일부는 스테이크로
구워 먹고, 나머지는 스테이크덮밥이나 샤부샤부 등에 활용해요. 솥밥을 한 다음 한입 크기의
스테이크를 올리고 소스를 더하면 정말 맛있어요.

재료
스테이크용 고기 400g, 밥 2공기,
양파 ¼개, 대파 ½대,
버터 1조각, 참깨,
올리브유(구이용), 소금, 후춧가루

소스
맛간장 4Ts, 미림 2Ts,
다진 마늘 ½Ts, 올리고당 1Ts,
생강가루 약간

스테이크 굽기

❶ 고기는 소금, 후춧가루로 살짝 간해주세요.

❷ 달군 팬에 올리브유를 두르고 고기를 노릇하게 구운 후
버터를 넣어주세요.
(밥 열기로 좀 더 익기 때문에 미디엄 정도로 굽는 게 좋아요)

❸ 불을 끄고 쿠킹 포일에 감싸 잠시 레스팅해주세요.

양념 만들기

❹ 고기 구운 팬에 소스 재료를 넣고 살짝 끓여주세요.
(너무 졸이지 않아도 돼요)

플레이팅하기

❺ 밥에 스테이크를 올리고 소스를 뿌린 후 얇게 채 썬 양파와
대파, 참깨를 얹어주세요.

① 밥은 그냥 해도 좋지만 솥밥 기본 레시피로 만드는 걸 추천해요.
② 스테이크 고기는 굽기 최소 30분 전에 실온에 꺼내주세요.
③ 밥에 버터 1조각을 올려도 좋아요

연결 메뉴
찹스테이크

대파떡갈비

함박스테이크를 만드는 날이면 떡갈비는 자동으로 메뉴가 완성되지요.
기본적인 재료가 비슷하더라도 양념을 다르게 사용하면 또 다른 맛을 즐길 수 있어요.

재료
함박스테이크
2덩어리 233페이지 참고,
대파 1대, 새송이버섯 1개,
당근 약간

양념
맛간장 4Ts, 꿀 1Ts, 참기름 ½Ts

마무리
참깨

❶ 대파를 반으로 잘라 식용유를 두른 팬에 살짝 구워주세요.

❷ 고기 사이로 대파를 넣어 갈비 모양으로 만들어주세요.

❸ 팬에 식용유를 두르고 약한 불에서 ②를 앞뒤로 구워가며 익힌 후 고루 섞은 양념을 발라주세요.

❹ 고기 구운 팬에 버섯과 당근도 구워주세요.

❺ 접시에 담고 참깨를 뿌려요.

TIP
① 고기가 거의 다 익었을 때 양념을 발라가며 타지 않게 구워주세요.
② 고기를 구운 후 뚜껑을 덮거나 쿠킹 포일에 감싸 잠시 레스팅해주세요.

연결 메뉴
함박스테이크

두 사람 식탁의
채소 메뉴

하야

편식을 하는 편은 아니지만 저희 부부는 둘 다 고기를
좋아해요. 그래서 주로 메인 요리는 고기가 될 때가 많아요.
고기가 나쁜 건 아니지만 채소의 좋은 성분을 섭취하는 것은
식단에서 필수라고 생각해요.
고기 요리를 한다고 해도 곁들임으로 채소를 정말 많이 먹는
편이라 자연스럽게 채소를 자주 구매해요. 채소만으로도
맛있는 메뉴를 몇 가지 만들어보며 자연스럽게 일주일에
몇 번은 채소 중심의 메뉴를 만들고는 한답니다.

채소초밥

새콤한 밥에 고추냉이를 약간 넣고 구운 채소 또는 절인 채소를 올려주면 생선초밥 이상으로
맛있는 채소초밥이 돼요. 채소를 골고루 활용해 다양한 채소를 먹을 수 있고 비주얼도
고급 초밥집 느낌이 나죠. 만들기도 간단하고 차가워도 맛있기 때문에
손님 초대 요리로도 손색없답니다.

재료
밥 2공기, 가지 ½개,
파프리카 ½개, 새송이버섯 ½개,
호박 ¼개, 오이 ¼개, 식초 1Ts,
고추냉이, 소금, 후춧가루

초밥 양념
식초 2Ts, 미림 1Ts, 연두 1Ts,
꿀 ½Ts, 참기름 1Ts, 참깨,
소금 2꼬집

밥 만들기

❶ 밥 2공기에 초밥 양념을 넣고 살살 비벼주세요.

채소 준비하기

❷ 채소는 얇고 길쭉하게 10cm 정도로 잘라주세요.

❸ 달군 팬에 식용유를 두르고 가지, 파프리카, 버섯, 호박을 충분히 구워주는데 소금, 후춧가루를 살짝 뿌려 간해주세요.

❹ 오이는 중간중간 칼집을 넣어 잘 구부러지도록 하고 소금을 뿌려 살짝 절인 다음 식초를 넣어 10분간 더 절여주세요.

초밥 만들기

❺ 밥을 한입 크기의 타원형으로 만들어 고추냉이를 약간 올리고 채소를 얹어주세요.

TIP
① 밥은 물 양을 적게 해서 고슬고슬하게 하면 좋아요. 현미밥, 잡곡밥으로 만들어도 맛있어요.

연결 메뉴
남은 채소를 활용한 볶음밥

채소카레

뭔가 특별한 메뉴가 생각나지 않을 때 카레를 만들고는 해요. 다양한 종류의 채소를 넣어 활용할 수 있어요. 보통의 집밥 카레처럼 채소를 깍둑썰기해 간단하게 만들 수도 있지만 채소를 볶고 푸드프로세서로 갈아 풍미 가득하면서 부드러운 색다른 채소카레를 만들었어요. 구운 채소를 곁들여 근사한 요리가 완성되었지요. 그중 양파는 필수예요. 양파와 육수를 잘 활용하면 엄청난 감칠맛을 느낄 수 있어요.

재료
밥 2공기, 양파 1개, 대파 ½대, 감자 ½개, 당근 3cm 1토막, 육수 800ml, 올리브유

구운 채소 재료
가지 ½개, 호박 5cm 1토막, 브로콜리 3~4조각, 파프리카 ½개, 연근 4~5조각, 당근 약간

양념
오뚜기 카레 2인분, 간장 1Ts, 참치액 1Ts, 후춧가루

재료 볶기
❶ 팬에 올리브유를 충분히 두르고 채 썬 양파를 넣어 중불에서 노릇해질 때까지 볶아주세요.

❷ 대파와 감자, 당근은 최대한 작게 썰어주세요.

❸ 냄비에 올리브유를 충분히 두르고 ②를 볶은 후 ①의 양파를 넣어주세요.

카레 끓이기
❹ ③에 육수와 양념을 넣고 바닥에 눌어붙지 않게 저어가며 끓여주세요.

❺ ④를 푸드프로세서로 곱게 갈아주세요.

차리기
❻ 구운 채소 재료는 한입 크기로 잘라 팬에 노릇하게 구워주세요.

❼ 접시에 밥과 카레, 구운 채소를 올려주세요.

TIP
① 구운 채소 재료는 꼭 레시피 채소가 아니더라도 다양한 채소로 활용 가능해요.
② 우동 면을 삶아 밥 대신 넣으면 카레우동이 된답니다.
③ 토마토김치랑 찰떡 궁합이에요. 279페이지 참고

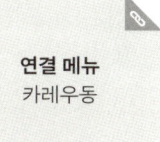

연결 메뉴
카레우동

채소만두

다양한 채소 요리 레시피 중에서 채소만두는 고기 없이도 채소를 정말 맛있게 먹는 방법이에요.
가족들도 모두 좋아하고 채소라서 담백하게 먹기도 좋아요. 주말 외출 계획이 없는 날
아내랑 이런저런 이야기 나누며 만두 한 판을 금세 만들고는 해요.
보통 채소만 넣은 채소만두와 신김치를 씻어 추가한 맵지 않은 김치만두를 반반씩 만들어요.

재료
왕만두피 1팩, 두부 1모,
당면 1인분, 당근 ½개,
표고버섯 3개,
느타리버섯 1줌, 양파 ½개

양념
맛간장 3Ts, 연두 1Ts,
다진 마늘 1Ts, 참기름 1Ts,
소금 2꼬집, 후춧가루

❶ 당면을 삶아 찬물에 헹구어 잘게 잘라 준비해주세요.

❷ 채소는 모두 최대한 잘게 잘라주세요.

❸ 으깬 두부, 당면, 채소, 양념을 모두 넣고 섞어주세요.

❹ 만두피 가장자리에 물을 바르고 ❸을 1순가락 크게 떠서 올린 후 만두피를 접고 꾹 눌러주세요.

TIP

① 우엉조림이 있다면 잘게 썰어 넣거나 그냥 우엉을 삶아 잘게 썰어 넣어도 맛있어요.
② 신김치를 넣을 때는 물로 깨끗하게 양념을 씻어내고 꾹 짠 다음 잘게 썰어 들기름에 볶아 넣어주면 좋아요
③ 만두피는 큼직한 것이 만들기도 편하고 내용물도 많이 들어가요.

연결 메뉴
만둣국, 순두부찌개

알배추구이

식재료 가운데 가지 다음으로 알배추를 정말 좋아하는데요. 옥수동 단골 레스토랑에서 먹는
알배추구이는 저의 최애 메뉴이기도 해요. 이곳 셰프님이 레시피 북을 출간해 집에서도
정말 자주 만드는 메뉴랍니다. 몇 가지 재료는 생략하고 로메스코 소스는
트러플 핫소스나 홈메이드 소스로 대신해서 간단하게
두 사람 식탁 스타일로 만들어보았어요.

재료
알배추 ½통, 버터 1조각,
파프리카 파우더 ½ts,
레몬즙 2Ts,
파르미지아노레지아노 치즈 약간,
올리브유, 소금, 후춧가루

소스 1
머스터드 ½Ts,
홀그레인 머스터드 ½Ts, 꿀 1Ts,
발사믹식초 1ts

소스 2
된장 ½Ts, 유자청 ½Ts,
올리브유 1Ts, 발사믹식초 1Ts

❶ 알배추를 반으로 잘라 올리브유, 소금을 살짝 뿌리고 200도로 예열한 오븐에 10분간 구워주세요.

❷ 달군 팬에 올리브유를 충분히 두르고 오븐에 구운 알배추를 올려 버터를 넣고 노릇하게 구운 다음 파프리카 파우더를 뿌려주세요.

❸ 접시에 담아 레몬즙을 뿌리고, 고루 섞은 **소스 1**이나 **소스 2**를 취향에 맞게 발라주세요.

❹ 후춧가루를 살짝 뿌린 후 파르미지아노레지아노 치즈를 소복하게 뿌려주세요.

연결 메뉴
알배추전,
된장밥, 겉절이

우엉잡채

잡채도 두 사람 식탁에서는 딱 2인분만 만들지만 장모님이 좋아하시는 메뉴라
좀 여유 있게 만들 때도 있어요. 고기를 안 드시는 장모님을 위해 고기 대신
우엉과 각종 채소로만 담백한 잡채를 만들어요. 양념을 좀 넉넉하게 해서 밥과 함께
비벼 먹으면 간단하게 채소잡채밥으로도 먹을 수 있어요.

재료
당면 2인분, 손질한 우엉 1줌,
표고버섯 2~3개, 새송이버섯 1개,
양파 ¼개, 당근 약간, 대파 약간

우엉 양념
육수 ½컵, 맛간장 3Ts, 조청 1Ts

잡채 양념
맛간장 3Ts, 참기름 1Ts,
올리고당 1Ts, 다진 마늘 ½Ts,
소금 1꼬집

마무리
참깨, 후춧가루

채소 준비하기

❶ 우엉은 5cm 길이로 얇게 썰어 5분간 삶아주세요.

❷ 삶은 우엉은 물기를 제거한 후 우엉 양념을 넣고 졸여요.

❸ 버섯과 양파, 당근은 얇게 채 썰어 식용유에 살짝 볶아주세요.

❹ 대파는 우엉 크기에 맞춰 5cm 길이로 썰어주세요.

당면 삶기

❺ 당면은 물에 30분 이상 불려요.

❻ 끓는 물에 5분 이상 삶은 후 한 가닥 건져 부드러우면 완성이에요.

(불릴 시간이 없을 때는 부드러워질 때까지 9분 이상 삶아주세요)

잡채 만들기

❼ 삶은 당면에 잡채 양념과 채소를 넣고 고루 섞은 다음 대파를 올리고 후춧가루와 참깨를 뿌려요.

TIP

① 밥 1공기를 준비해 남은 소스와 매운 고추를 하나 썰어 곁들이면 맛있는 잡채밥으로도 먹을 수 있어요.

② 쪽파, 어묵, 느타리버섯 등의 재료를 추가해도 맛있어요.

연결 메뉴
버섯솥밥, 궁중떡볶이

두부감자크로켓

감자에 채소를 썰어 넣고 튀기기만 해도 아주 맛있는 크로켓이 되지요.
여기에 물기를 꾹 짠 두부를 넣으면 맛도 좋고 보들보들 식감이 더욱 풍성해지는
겉바속촉의 크로켓이 완성돼요.

재료
두부 ½모, 감자 2개, 양파 ¼개,
당근 약간, 튀김가루 ½컵,
달걀 1개, 빵가루 1컵,
식용유(튀김용)

양념
버터 ½Ts, 소금 2꼬집, 후춧가루

곁들임
양배추 1줌, 마요네즈, 케첩

❶ 두부는 키친타월로 물기를 꼭 짜고 감자는 삶아 준비해주세요.

❷ 볼에 두부, 감자, 잘게 썬 양파와 당근, 양념을 넣어 으깨면서 고루 섞어주세요.

❸ 동글동글 치대 튀김가루(또는 옥수수 전분)와 달걀물, 빵가루 순으로 골고루 묻혀주세요.

❹ 달군 식용유(빵가루를 조금 넣어 바로 올라올 때)에 크로켓을 넣고 중불에서 노릇하게 튀겨주세요.

❺ 채 썬 양배추에 마요네즈와 케첩을 뿌려 곁들여요.

TIP
① 재료에 치즈, 청양고추, 버섯 등을 추가해 다양한 맛의 크로켓으로 만들어도 좋아요.
② 오징어가 있다면 뜨거운 물에 데친 후 잘게 썰어 넣어도 맛있답니다.

연결 메뉴
고추장찌개, 두부김치,
김치찌개, 된장밥

알배추전

알배추는 여러모로 활용도가 높은 채소예요. 찌개에 넣거나 쌈 채소로도 좋고 단독으로 활용하기에도 좋아요. 보통 알배추 1통을 사면 2분의 1은 알배추구이, 4분의 1은 알배추전, 나머지는 찌개 등에 활용하는 편이에요.

재료
알배추 ¼통, 쪽파 2줄기

튀김옷
부침가루 1컵, 물 1컵

양념장
양파 ¼개, 청양고추 1개,
다진 마늘 ½Ts, 간장 5Ts,
매실청 2Ts, 식초 1Ts, 꿀 ½Ts

❶ 배추를 납작하게 하나하나 펴주세요.

❷ 튀김옷 재료를 섞은 후 배추와 버무려주세요.

❸ 달군 팬에 식용유를 충분히 두르고 ❷를 올려 앞뒤로 노릇하게 구워주세요.

❹ 양파와 청양고추는 먹기 좋게 썰어 양념장 재료와 고루 섞어주세요.

❺ 노릇하게 구운 알배추전에 송송 썬 쪽파를 올리고 양념장을 곁들여요.

연결 메뉴
된장밥, 알배추구이

TIP
① 다양한 장아찌와 곁들여 먹으면 더 맛있어요.

채소튀김

당근, 연근, 우엉, 감자, 고구마 등의 뿌리채소는 밑반찬으로도 만들고 샐러드나 간식으로도 자주 먹는 편이에요. 뿌리채소가 조금씩 남았다면 모두 모아 채소튀김을 만들고는 해요. 아내는 떡볶이를 엄청 좋아하는데 떡볶이 먹을 때 이 튀김 몇 개를 곁들이면 궁합이 끝내주죠.

재료
당근 ½개, 감자 ½개, 버섯 1줌,
고추 2개, 연근 약간, 밀가루 1Ts,
식용유(튀김용), 후춧가루

튀김옷
밀가루(박력분) 1컵, 물 1컵,
달걀 1개, 소금 1꼬집

된장마요 소스
마요네즈 2Ts, 간장 1Ts, 된장 1ts,
꿀 1Ts, 다진 마늘 ½Ts, 물 2Ts

❶ 채소는 길죽하게 썰어 볼에 담고 밀가루를 뿌려 버무려주세요.

❷ 튀김옷 재료를 거품기로 고루 섞어주세요.

❸ 채소에 튀김옷을 입혀 달군 식용유(빵가루를 넣어 바로 떠오를 때)에 튀겨주세요.

❹ 튀김에 후춧가루를 솔솔 뿌려주세요.

❺ 소스 재료를 고루 섞은 후 찍어드세요.

TIP

① 튀김에는 간장, 식초, 고춧가루를 약간 넣은 기본 양념장도 맛있어요.
② 튀김에 레몬즙을 살짝 뿌려도 좋아요.
③ 밀가루를 체에 내려 사용하면 튀김옷 재료가 고루 섞여요.
④ 반죽이 너무 되직하면 튀김옷이 두꺼워지니 약간 묽게 만들어주세요.

연결 메뉴
채소카레

양파링

수제버거집에 가면 감자튀김보다 양파링을 주문하는 편이에요. 달짝지근하면서 바삭한 양파링은
간단하게 맥주 안주로도 좋고 채소카레에 곁들여도 아주 맛있죠.
양파의 얇은 막을 제거하면 튀김옷과 양파가 더 밀착되고 바삭해지는데 이렇게 하려면
너무 번거롭고 오래 걸려요. 대신 튀김옷에 빵가루를 얇게 묻혀 바삭함을 살리려고 했어요.
또 하나 느끼함을 잡아주는 파프리카 파우더를 튀김옷에 넣어 튀긴 후 카옌페퍼를 뿌려 먹는 게
두 사람 식탁 양파링의 킥이에요.

재료
양파 1½개, 빵가루 1컵,
식용유(튀김용)

튀김옷
튀김가루 1컵, 옥수수 전분 2Ts,
파프리카 파우더 1ts, 물 ½컵,
소금, 후춧가루

소스
마요네즈 1Ts, 토마토케첩 1Ts,
스리라차 소스 1Ts

마무리
카옌페퍼, 레몬 ½개, 딜 약간

❶ 양파를 1.5cm 두께로 잘라 링으로 하나하나 분리해주세요.

❷ 소스 재료를 1대 1대 1로 섞어주세요.

❸ 튀김옷 재료를 고루 섞어주세요.

❹ 양파에 튀김옷을 고루 입힌 후 빵가루를 얇게 묻혀주세요.

❺ 달군 식용유(빵가루를 넣어 바로 떠오를 때)에 ❹의 양파를 넣고 중불에서 노릇하게 튀겨주세요.

❻ 카옌페퍼와 레몬즙을 살짝 뿌리고 딜을 올려주세요.

TIP
① 튀김옷에 옥수수 전분을 넣으면 좀 더 바삭하게 튀겨져요.
② 소스에 피클 또는 매운 고추를 조금 다져 넣어도 맛있어요.

연결 메뉴
채소카레

채소전

일반적으로 반죽을 걸쭉하게 만들어 재료를 버무리는 방법도 맛있지만
얇게 채 썬 재료에 부침가루와 물을 조금만 넣고 바삭하게 구워 재료 본연의 맛을 좀 더 느끼고
싶었어요. 간단한 전이지만 몇 가지 어울리는 재료를 더해 풍미를 끌어올리는 퓨전 스타일로
만들면 특별한 요리가 될 수 있답니다.

재료
감자 1~2개, 호박 ½개,
양배추 ¼개, 올리브유

반죽
부침가루 2컵, 물 2컵,
옥수수 전분 1Ts, 소금, 후춧가루

마무리
파르미지아노레지아노 치즈,
쪽파 1줄기

양념장
양파 ¼개, 청양고추 1개,
다진 마늘 ½Ts, 간장 5Ts,
매실청 2Ts, 식초 1Ts, 꿀 ½Ts

❶ 채소는 모두 얇게 채 썰어주세요.

❷ 반죽 재료를 고루 섞은 후 각각 채소에 나누어 넣어주세요.

❸ 올리브유를 충분히 두르고 노릇하게 부쳐주세요.

❹ 감자전에는 파르미지아노레지아노 치즈와 송송 썬 쪽파를 뿌려주세요.

❺ 양파와 청양고추는 먹기 좋게 썰어 양념장 재료와 고루 섞은 후 곁들여주세요.

① 채소전을 여러 가지 조금씩 만들 때는 볼에 반죽을 만들어두고 채소를 각각 넣어 부치면 도구를 많이 사용할 필요 없이 깔끔하고 빠르게 만들 수 있어요.

② 채칼을 이용해 채소를 최대한 얇게 썰면 식감이 더 좋아요.

버섯볶음밥

특별한 메뉴가 생각나지 않거나 간단하게 한 끼 먹을 때 볶음밥을 종종 만들어요.
신김치를 잘게 썰어 볶은 김치볶음밥도 맛있지만 표고버섯 향 가득한 버섯볶음밥도 환상적이에요.
보들보들한 식감의 스크램블드에그와 버섯의 조화가 정말 좋아요

재료
찬밥 1½공기, 표고버섯 2~3개,
그 외 버섯 약간, 양파 약간,
대파 흰 부분 약간, 달걀 2개,
미림 1Ts, 페페론치노

양념
맛간장 2Ts, 굴소스 ½Ts,
다진 마늘 ½Ts, 후춧가루

마무리
참기름 1Ts, 참깨, 쪽파 1줄기

재료 준비하기

❶ 버섯과 양파는 채 썰고 대파와 쪽파는 송송 썰어 준비해주세요.

❷ 볼에 밥과 버섯, 양파, 양념을 넣고 섞어주세요.

❸ 달걀에 미림을 넣고 거품기로 충분하게 저어주세요.

볶음밥 볶기

❹ 달군 웍에 식용유를 두르고 대파를 볶다가 ❷를 넣고 볶아주세요.

❺ 볶음밥을 웍 한쪽으로 옮기고 밥과 섞이지 않게 ❸을 부어 저어가며 익혀주세요.

❻ 달걀이 완전하게 익으면 볶음밥과 섞고 페페론치노를 뿌려주세요.

❼ 참기름을 두르고 참깨, 쪽파를 뿌려주세요.

TIP

① 미나리, 새우, 베이컨 등 좋아하는 재료를 잘게 썰어 넣어도 좋아요.
② 달걀을 재빠르게 저어가며 완전히 익혀 밥과 섞어야 고슬고슬 맛있어요.

연결 메뉴
버섯솥밥, 버섯샌드위치

채소비빔밥

채소를 많이 먹으려고 하는데 그중에서도 비빔밥은 예쁘기도 하고 맛도 제일인 것 같아요.
고기 없이 채소와 나물만으로 담백하게 식사를 하면 속도 편안하고 좋죠. 이 메뉴를 위해 채소를
특별히 준비한다기보다는 좋아하는 채소와 남은 재료를 활용해보세요.

재료
밥 2공기, 달걀 2개, 참깨

채소
양파 ¼개, 당근 3cm 1토막,
버섯 1줌, 오이 5cm 1토막,
상추 약간, 숙주 약간,
들기름(볶음용)

양념
고추장 1½Ts, 간장 1Ts, 꿀 1Ts,
참기름 1Ts, 다진 마늘 약간

채소 준비하기

❶ 숙주를 제외한 채소는 5~6cm 길이로 얇게 채 썰어주세요.

❷ 들기름을 두른 팬에 채 썬 양파, 당근, 버섯을 볶아주세요.

❸ 오이는 소금에 살짝 절여주세요.

❹ 숙주는 기름에 재빠르게 볶아주세요.

비빔밥 만들기

❺ 그릇에 밥과 채소를 담아 달걀프라이를 올리고 참깨를 뿌려주세요.

❻ 양념을 취향에 맞게 넣고 비벼 먹어요.

TIP

① 무가 있다면 채 썰어 들기름에 볶아 넣어도 좋아요.
② 남은 채소나 좋아하는 채소가 있으면 넣어주세요.
③ 노랑, 초록, 빨강(주황) 등의 채소를 활용하면 예쁘게 담기 좋아요.

연결 메뉴
버섯솥밥,
버섯샌드위치

남김 없는
식탁을 위한 반찬

하나

좋아하는 밑반찬 몇 가지만 만들어도
한 끼 식사를 맛있게 먹을 수 있어요. 적게 구매해 남김없이
사용하는 것도 좋지만 가끔 두 사람 먹기에 많은 양이라도
좋은 가격이면 구매하기도 하죠. 재료가 좀 많이 남아
소화하기 어려울 때는 장아찌나 피클 등으로 만들어
반찬으로 활용하면 웬만한 재료도 낭비 없이 사용할 수
있어요. 쉽고 간단하게 만들면서 사용하고 남은 자투리
재료도 활용해 남김 없는 집밥 요리가 될 수 있는 밑반찬과
피클을 만들어보세요.

오징어진미채

아내의 최애 반찬 중 하나로 특히 고추장 양념 진미채를 좋아해요. 저는 간장 양념을
더 좋아해 반반씩 만들기도 한답니다.

재료
오징어채 200g, 마요네즈 2Ts, 들기름 2Ts,
참깨 약간

고추장 양념
고추장 1Ts, 맛간장 2Ts, 미림 2Ts,
육수 또는 물 2Ts, 조청 1Ts, 다진 마늘 ½Ts

간장 양념
맛간장 5Ts, 조청 2Ts, 미림 2Ts, 다진 마늘 ½Ts,
채 썬 청양고추 1개 분량, 후춧가루

❶ 오징어채는 물로 깨끗하게 씻어 체에 건져 물기를 꾹 짠 후 마요네즈와 들기름을 넣고 무쳐주세요.

❷ 팬에 고추장 또는 간장 양념을 넣고 끓어오르면 오징어채를 넣고 2~3분간 볶아주세요.

❸ 참깨를 뿌려주세요.

우엉조림

우엉은 손질된 걸 구매할 수도 있지만 가성비 측면에서는 뿌리째 구매하는 게 좋아요.
잡채나 김밥, 각종 메뉴에 가니시 등으로 활용하지만 단독으로 간장 양념에 졸이면
반찬으로도 훌륭한 메뉴랍니다.

재료
우엉 150g

양념
맛간장 4Ts, 미림 2Ts, 육수 ½컵,
조청 2Ts, 다진 마늘 1Ts,
생강가루 약간, 소금 1꼬집

마무리
참기름, 참깨

❶ 손질한 우엉을 끓는 물에 넣고 10분 정도 삶아주세요.
 (식초를 약간 넣어도 좋아요)

❷ 우엉을 건져 물기를 제거하고 달군 팬에 식용유를
 두르고 볶다 양념을 넣고 15분 정도 졸여주세요.

❸ 불을 끄고 참기름, 참깨를 뿌려주세요.

감자채볶음

겨울에는 특히 감자가 집에 많아 다양하게 활용하는데 아삭한 식감을 살려 볶으면 더 맛있더라고요. 간단하게 만들 수 있는 감자채볶음은 감자를 채 썰어 물에 담가 전분을 제거해주면 더 아삭하고 서로 붙지 않게 볶을 수 있답니다.

재료
감자 2개, 올리브유(볶음용)

양념
소금, 후춧가루

마무리
참깨

❶ 감자는 채 썰어 찬물에 10분 정도 담근 후 물기를 제거해주세요.

❷ 달군 팬에 올리브유를 넉넉하게 두르고 감자를 볶아주세요.

❸ 소금으로 간하고 후춧가루, 참깨를 뿌려주세요.

무말랭이무침

무말랭이는 적은 양은 잘 판매하지 않기 때문에 반찬으로 만들 분량 외에는 소분해서 냉동해두고 사용해요. 육수를 우릴 때 무 대신 무말랭이를 사용해도 좋아요. 고춧잎을 넣어도 아주 맛있어요.

재료
무말랭이 3컵, 다진 마늘 ½Ts,
생강가루 약간, 꿀 1Ts, 쪽파

양념
맛간장 ½컵, 액젓 2Ts, 매실청 2Ts,
미림 2Ts, 고춧가루 3Ts, 조청 1Ts

❶ 무말랭이는 물에 10분 정도 담가 깨끗하게 씻은 후 물기를 꾹 짜주세요.

❷ 팬에 양념을 넣고 끓어오르면 불을 바로 끄세요.

❸ 볼에 ❶, ❷와 다진 마늘, 생강가루, 꿀을 넣고 무쳐주세요.

❹ 쪽파는 송송 썰어 뿌려주세요.

무생채

큰 무 1개를 사면 반은 무조림, 반의 반은 어묵탕이나 육수에,
그리고 나머지는 피클이나 무생채 등 다양하게 만들 수 있어요.

재료
무 5cm 1토막, 소금 1ts

양념
고춧가루 1Ts, 맛간장 1Ts, 식초 1Ts,
매실청 1Ts, 액젓 1Ts, 설탕 ½Ts,
다진 마늘 ½Ts

마무리
참기름, 참깨

❶ 무는 얇게 채 썰어 소금을 뿌려 10분 정도 절인 후 물기를 꾹 짜주세요.

❷ ①에 양념을 넣고 버무려주세요.

❸ 참기름과 참깨를 뿌려주세요.

어묵볶음

어묵탕을 만들고 남은 어묵은 어묵볶음으로 만들어요.

재료
어묵 2~3장, 양파 ¼개, 대파 약간, 올리브유

양념
맛간장 3Ts, 올리고당 1Ts, 다진 마늘 ½Ts, 후춧가루

마무리
참기름, 참깨

❶ 어묵은 한입 크기로 자르고 끓는 물에 살짝 데쳐 체에 건져주세요.

❷ 양파, 대파는 채 썰어주세요.

❸ 달군 팬에 올리브유를 두르고 어묵과 채소를 볶다 양념을 넣고 볶아주세요.

❹ 참기름과 참깨를 뿌려주세요.

달걀찜

고깃집에서 달걀찜을 주문하면 뚝배기에 엄청나게 부풀어 나오잖아요.
집에서도 비슷한 비주얼로 즐기고 싶었어요. 베이킹할 때 사용하는 베이킹파우더를 약간
넣어주면 고깃집에서 먹던 그 달걀찜을 만들 수 있답니다.

재료
달걀 4개, 당근 약간, 양파 약간,
청양고추 1개, 다진 마늘 ½Ts,
베이킹파우더 1ts, 육수 300ml

양념
국간장 1Ts, 참치액 1Ts, 미림 1Ts,
소금 2꼬집, 후춧가루

❶ 채소는 잘게 썰어주세요.

❷ ①에 달걀과 다진 마늘, 베이킹파우더, 양념을 넣고 거품기로 충분히 섞어주세요.

❸ 육수가 끓기 시작하면 ②를 부어가며 저어주세요.

❹ 다시 끓기 시작하면 약한 불로 줄이고 오목한 그릇으로 덮어 2~3분간 끓여주세요.

파무침

집에서 고기를 구워 먹는 날에는 빠지지 않고 곁들이는 메뉴 중 하나가 파무침이에요. 치킨이나 전을 먹을 때도 같이 먹으면 궁합이 좋아요. 파만으로도 충분히 맛있지만 양파나 깻잎, 상추 등을 채 썰어 넣으면 굳이 쌈에 싸 먹을 필요 없이 이 파무침 하나로 해결되고는 해요.

재료
대파 1대

양념
간장 1Ts, 연두 1Ts, 식초 1Ts,
매실청 1Ts, 고춧가루 1Ts, 참기름 1Ts,
설탕 ½Ts, 다진 마늘 ½Ts, 소금 1꼬집

마무리
참깨

① 대파는 얇게 채 썰어 얼음물에 10분 정도 담근 후 체에 건져 물기를 꾹 짜주세요.

② 볼에 채 썬 대파와 양념을 넣고 무쳐주세요.

③ 참깨를 뿌려 마무리해요.

TIP
대파 대신 부추를 무쳐도 맛있어요.

꼬들단무지무침

일반 단무지보다 쫄깃한 식감의 꼬들 단무지는 밥반찬으로 맛있고
카레나 우동, 라면 등을 먹을 때도 잘 어울려요.

재료
꼬들 단무지 1팩(200g)

양념
식초 1Ts, 고춧가루 ½Ts,
다진 마늘 ½Ts, 참기름 1Ts

마무리
채 썬 쪽파 1Ts, 참깨

❶ 단무지와 양념을 볼에 담아 조물조물 무쳐주세요.

❷ 쪽파와 참깨를 뿌려주세요.

된장고추무침

오이고추나 풋고추를 된장 양념에 간단하게 버무리면 맛있는 밥도둑 반찬이 돼요.
고기를 구워 먹을 때 고기와 함께 곁들여 먹어도 궁합이 끝내주죠. 매콤한 걸 좋아한다면
청양고추를 조금 넣어도 좋아요.

재료
풋고추 또는 오이고추 8~10개

양념
된장 ½Ts, 고추장 1Ts, 참기름 1Ts,
다진 마늘 1Ts

마무리
참깨

❶ 고추를 한입 크기로 잘라주세요.

❷ 볼에 고추와 양념을 넣고 무쳐주세요.

❸ 참깨를 뿌려주세요.

TIP
고추 대신 오이를
무쳐도 맛있어요.

오이무침

오이 타다키를 응용해본 오이무침이에요. 오이를 밀방망이나 주먹으로 쳐서
으깨면 같은 재료지만 색다른 식감이 재미있어요. 고추기름 등을 넣어 중식 느낌의 무침으로
만들면 술안주로도 좋아요.

재료
오이 2개, 소금 2꼬집

양념
간장 1Ts, 고춧가루 ½Ts, 식초 1Ts,
매실청 1Ts, 다진 마늘 1/2Ts,
고추기름 ½Ts

마무리
참깨

❶ 오이는 밀방망이 등을 이용해 살살 쳐서 한입 크기로 자르고 소금에 10분간 절여주세요.

❷ 절인 오이를 체에 건져 수분을 제거하고 볼에 넣어 양념과 섞어주세요.

❸ 참깨를 으깨 뿌려주세요.

달걀꽈리고추장조림

달걀을 6~7분 정도 삶은 후 끓인 양념을 부어 반나절 정도 숙성시키면
반숙의 마약 달걀장조림을 만들 수 있어요. 달걀 대신 소고기를 삶아 양념과 끓이면
소고기장조림이 되지요.

재료
달걀 6개, 꽈리고추 20개

양념장
간장 ½컵, 육수 1컵, 미림 ½컵,
조청 1Ts, 다진 마늘 1Ts,
생강가루 약간, 청양고추 2개,
양파 ¼개, 후춧가루

마무리
참기름, 참깨

❶ 달걀은 삶고 꽈리고추는 꼭지를 따서 깨끗하게 씻어주세요.

❷ 양념장 재료를 모두 넣고 10~15분간 끓인 다음 건더기는 체에 건져내세요.

❸ 양념장에 달걀을 넣고 3분 정도 끓인 다음 꽈리고추를 넣고 2분 정도 더 끓여주세요.

❹ 참기름과 참깨를 뿌려주세요.

① 달걀을 삶을 때는 보통 식초를 넣고 끓이기도 하지요. 물을 끓인 다음 달걀을 넣고 삶아 찬물에 담그면 껍질이 잘 벗겨진답니다.
② 꽈리고추는 마지막에 넣어 식감을 살려주세요.
③ 양념장에 페페론치노 4~5개를 넣으면 좀 더 매콤하게 즐길 수 있어요.

참치채소전

간단하게 술안주로도 좋고 도시락 반찬으로도 좋은 참치채소전은 생선을 좋아하지 않는 아내도 맛있게 먹는 메뉴 중 하나랍니다. 두부를 넣어도 아주 맛있어요.

재료
참치캔 2개, 달걀 2개, 당근 약간, 양파 약간, 쪽파 또는 대파 초록 부분 약간, 옥수수 전분 1Ts

양념
간장 1Ts, 미림 1Ts, 다진 마늘 ½Ts, 소금 2꼬집, 후춧가루

① 참치는 체에 건져 기름을 빼주세요.

② 채소는 잘게 썰어주세요

③ 볼에 ①과 ②, 달걀, 옥수수 전분, 양념을 넣고 섞어주세요.

④ 달군 팬에 식용유를 두르고 동그랗게 구워주세요

토마토김치

토마토를 그냥은 잘 안 먹게 되어 샐러드나 소스에 활용하고는 하는데 한식 스타일 토마토김치를 알고 나서는 토마토가 남는 일은 거의 없답니다. 고기 메뉴나 파스타 등과도 잘 어울려 한번 만들어보면 토마토김치의 매력에 푹 빠질 거예요.

재료
토마토 2개, 쪽파 1~2줄기, 양파 ¼개, 참기름, 참깨

양념
간장 2Ts, 액젓 1Ts, 매실청 1Ts, 다진 마늘 ½Ts, 생강가루 약간, 설탕 1ts, 소금 1꼬집

❶ 토마토는 한입 크기로, 쪽파는 5cm 길이로 자르고 양파는 채 썰어주세요.

❷ 볼에 ①과 양념을 넣어 버무리고 참기름과 참깨를 살짝 뿌려주세요.

피클주스

피클주스 재료 비율대로 섞어 끓인 후 다양한 채소에 부으면 맛있는 피클이 완성된답니다.
유리병은 뜨거운 물로 소독한 후 물기를 제거해주세요.
소독한 유리병에 채소를 한입 크기로 잘라 넣고 피클 주스를 부어 하루 숙성 후
냉장 보관해요. 양배추나 오이를 많이 구매했을 때 피클을 만들어두는 편이에요.
자투리 채소가 남았을 때는 모두 모아 채소피클을 만들어요.

재료
물 2컵, 식초 1컵, 설탕 1컵,
굵은소금 1Ts,
피클링 스파이스 1Ts,
월계수 잎 1장

❶ 냄비에 재료를 모두 넣고 끓여주세요.

❷ 끓어오르기 시작하면 불을 끄고 식혀주세요.

❸ 채소 양에 따라 피클주스 양을 조절하고 하루 이상 숙성해요.

① 피클주스를 충분히 식힌 다음 채소에 부어 냉장 보관해야 식감이 아삭하고 좋아요.
② 비트, 양파 등이 남을 때도 종종 활용해요. 양배추에 약간의 비트를 넣으면 색이 예뻐 먹음직스러워요. 양배추와 비트를 섞을 때 절이는 시간을 단축할 수 있도록 비트는 얇게 썰어주세요.
③ 다음 페이지에 나오는 각 채소의 분량은 이 피클주스 분량과 맞추었어요.

양배추피클

재료 양배추 ¼통

양배추를 한입 크기로 잘라 유리병에 담고 피클 주스를 부어요.

채소피클

재료 당근 ½개, 양파 ½개, 양배추 ⅛통, 오이 1개, 셀러리 약간

남은 자투리 채소를 한입 크기로 잘라 유리병에 담고 피클주스를 부어요.

TIP
식감이 단단하다면 어떤 채소도 괜찮아요.

오이피클

재료 오이 3개, 페페론치노홀 4~5개 또는 청양고추 2개

한입 크기 또는 길쭉하게 자른 오이와 페페론치노홀을 유리병에 담고 피클주스를 부어요.

장아찌

피클이 양식과 어울린다면 한식과 찰떡궁합은 바로 장아찌죠! 장아찌 양념장을 만들어 다양한 채소에 활용하면 쉽고 간단하게 만들 수 있어요. 특히 고기 먹을 때 몇 가지 장아찌를 곁들이면 더욱 맛있게 먹을 수 있어요.

장아찌 양념장
간장 1컵, 식초 ½컵, 미림 ½컵,
물 1컵, 조청 ½컵, 설탕 1Ts,
청양고추 1개,
페페론치노홀 4~5개,
마늘 4~5쪽 또는 다진 마늘 1Ts

❶ 냄비에 양념장 재료를 모두 넣고 끓여주세요. 끓어오르기 시작하면 약한 불로 줄이고 5분간 더 끓인 후 식혀주세요.

❷ 채소 양에 따라 장아찌 양념장을 조절하고 양념장이 남으면 냉장 보관하세요.

① 장아찌는 냉장고에서 2~3일 숙성 후 먹으면 더 맛있어요.
② 장아찌를 다 먹고 남은 양념장은 한번 끓여 다시 사용해도 괜찮아요.
③ 장아찌 양념장은 전이나 튀김 등을 찍어 먹어도 좋아요.
④ 다음 페이지에 나오는 각 채소의 분량은 이 양념장 분량과 맞추었어요.

매운 고추
2~3개를
넣어도 좋아요.

양파장아찌

재료 양파 2개

한입 크기로 자른
양파에 장아찌 양념장을
부어주세요.

깻잎장아찌

재료 깻잎 30~40장

깻잎에 장아찌
양념장을 부어주세요.

TIP
끓인 장아찌 양념장에 고춧가루
1Ts을 넣어 식힌 후 사용해도
좋아요.

고추마늘장아찌

재료 고추 15~20개, 마늘 20쪽

고추와 마늘에 장아찌 양념장을 부어주세요.

새송이버섯장아찌

재료 새송이버섯 4개

새송이버섯을 통째로 깨끗이 씻어 장아찌 양념장을 붓고 먹을 때 한입 크기로 잘라주세요.

Index

ㄱ

가지라자냐	197
가지베이컨치즈말이	147
가츠산도	189
간단 닭계장	128
간장삼겹살볶음	158
감자수프	201
감자채볶음	267
고등어솥밥	119
고추마늘장아찌	287
고추장찌개	138
구운 우엉 아게다시도후	149
궁중떡볶이	223
김치솥밥	118
깻잎장아찌	286
꼬들단무지무침	273

ㄷ

달걀 오픈샌드위치	187
달걀꽈리고추장조림	277
달걀말이토스트	191
달걀찜	271
닭가슴살샐러드	195
닭꼬치	157
대파떡갈비	236
돌솥비빔밥	141
돼지불백	131
된장고추무침	274
된장밥	135
두 사람 국물떡볶이	225
두 사람 식탁 돈가스	231
두부감자크로켓	250
두부김치	167
두부데리야끼	144

ㄹ

라구파스타	219

ㅁ

마늘보쌈	229
매운 가지볶음	150
매콤크림파스타	217

명란구이	169
목살돼지갈비	226
무말랭이무침	268
무생채	269
무양배추솥밥	118
무조림	122

ㅂ

버섯 오픈샌드위치	186
버섯볶음밥	261
버섯솥밥	119
볶음우동	203

ㅅ

새송이버섯장아찌	287
새우루콜라 오픈샌드위치	184
샐러드파스타	215
솥밥	117
솥밥크림리소토	220
수제비	205
순두부찌개	137

스테이크덮밥	234	우엉잡채	249	**ㅋ**	
		우엉조림	266	콘샐러드와 콘치즈	163
ㅇ		유린기	155		
알배추구이	247	육전과 꽈리고추찜	153	**ㅌ**	
알배추전	253			토마토김치	279
양배추달걀토스트	181	**ㅈ**		토마토살사와 타코	192
양배추피클	282	장아찌	285	토마토치즈구이	175
양송이치즈구이	172	제육덮밥	127	토마토파스타	210
양파링	256	짬뽕밥	121	트러플토스트	178
양파수프	198				
양파장아찌	286	**ㅊ**		**ㅍ**	
어묵볶음	270	차돌박이숙주볶음	171	파무침	272
어묵탕	161	참치채소전	278	피클주스	281
얼큰국밥	132	채소만두	245		
오믈렛	206	채소비빔밥	263	**ㅎ**	
오이무침	275	채소전	259	함박스테이크	233
오이피클	283	채소초밥	240	홍콩식 프렌치토스트	183
오일파스타	213	채소카레	243		
오징어덮밥	125	채소튀김	255		
오징어무침	164	채소피클	282		
오징어진미채	265				

○《예기》〈방기〉: 공자는 말하기를 "아내를 맞이하되 같은 성姓을 맞이하지 않는 것은 남녀의 분별을 먼 데까지 넓히기 위함이다. 그러므로 첩을 살 때도 그 성을 알지 못하면 점을 쳐서 결정한다. 이렇게 하여 백성이 범하는 허물을 막았는데, 노魯나라《춘추》의 기록에는 오히려 부인夫人의 성을 버리고 다만 오吳라고만 하고 그가 죽어서는 맹자가 졸하다"라고 하였다.
○정현: 사패司敗는 사람의 이름이니, 제齊나라 대부大夫이다.[8]
○반박: 아니다.
○응소[9]〈풍속통의서〉: 공자는 말하기를 "다행히도 만약 허물이 있으면 남이 반드시 알려주네"라고 하였다. ['幸' 字는 아래 句와 연결하여 읽어야 한다.]
○반박: 아니다. 《주서周書》[10]〈왕패해王佩解〉[11]에 이르기를 "불행은 그 허물을 듣지 못하는 데에 있고, 복福은 간諫하는 것을 받아들이는 데에 있다"고 하였으니, 공자가 "나는 다행하다(丘也幸)"라고 한 것은 대개 그 말에 근거한 바가 있는 듯하다.

공자는 남과 함께 노래 부를 때 남이 잘하면 반드시 그것을 반복해 부르게 하고, 그런 뒤에 화답해 불렀다.

○보충: '노래(歌)'란 말소리를 길게 하여 시詩를 읊조리는 것이다.
○주자: '반反'은 반복하는 것이다. ['復'은 音이 覆(복)이다.] 반드시 노래를 반복해 부르게 한 것은 그 상세함을 알아 그 좋은 점을 취하려는 것이다. [太宰純은 이르기를 "'覆'이란 처음부터 다시 한 번 모두를 반복해 노래하는 것이다"라 하였다.[1]]